Zum Autor:

Peter Hess arbeitete während 15 Jahren als Informatiklehrer an einer Berufsfach-
schule und war u.a. für die Ausbildung von Informatikern zuständig. Er hat sich auf
das Thema IT-Sicherheit spezialisiert und ist heute Mitglied der Organisation adla-
tus.ch

Peter Hess

IT-Sicherheit

für Internet- und

Windows 10 Nutzer*innen

Hilfe, mein PC hat einen Virus eingefangen!

© 2020 Peter Hess

Umschlag, Illustration: Peter Hess

Lektorat, Korrektorat: Christine Hess

Verlag & Druck: tredition GmbH, Halenreie 40-44, 22359 Hamburg

ISBN

Paperback   978-3-347-01799-3

Hardcover   978-3-347-01800-6

e-Book   978-3-347-01801-3

Inhaltsverzeichnis

1 Vorwort

Das Thema IT-Sicherheit wird gerne vernachlässigt. Als Lehrer im Bereich der Informatiker-Ausbildung ist mir aufgefallen, dass die Lernenden über hohe Kompetenzen im Bereich Applikationsentwicklung oder Systemtechnik verfügen, das Thema Sicherheit für sie aber keinen Stellenwert hat.

Auch mir wurde schon ein E-Mail mit einem Sextortion Inhalt zugestellt. Die Erpressung war reiner Bluff. Es stellte sich aber die Frage, wie so etwas möglich ist. Als mir dann Kollegen von ähnlichen Erfahrungen berichteten, begann ich mich tiefer mit dieser Thematik zu befassen. Sie hat mich bis heute nicht losgelassen.

Literaturrecherchen zu diesem Thema zeigen ein durchzogenes Bild. Es gibt viel Literatur für IT-Verantwortliche, zur Denkweise und zum Vorgehen von Hackern oder auch über die Bedienung von Windows 10. Für die erfahrenen PC-Nutzer*innen, welche Kenntnisse auf dem Gebiet der IT-Sicherheit auffrischen oder vertiefen möchten, gibt es sehr wenig. Sie sind auf Recherchen im Internet angewiesen. Eine Gesamtbetrachtung ist auch hier nicht zu finden. Die Thematik ist zersplittert und wenn man etwas gefunden hat, flitzen Werbebanner auf dem Bildschirm herum, dass lesen kaum möglich ist.

Somit bietet dieses Buch eine Zusammenfassung aller Massnahmen zur IT- Sicherheit beim Arbeiten mit Windows 10 und dem Internet. Im Falle von technischen Defekten oder Diebstahl soll es aufzeigen, wie möglichst bald wieder mit minimalem Datenverlust weitergearbeitet werden kann.

«Im Hause muss beginnen, was leuchten soll im Vaterland». Dieser Spruch von Jeremias Gotthelf (Schweizer Schriftsteller 1797 – 1854) lässt sich gut auf die IT der heutigen Zeit übertragen «Zu Hause muss beginnen, was an IT-Sicherheit leuchten soll am Arbeitsplatz». Oder mit anderen Worten: Es ist sinnlos Mitarbeitende mit Sicherheitsbroschüren oder Sicherheitstests zu bearbeiten, ohne dass sie ein grundlegendes Verständnis dafür mitbringen. Um dieses Verständnis zu fördern, wurde dieses Buch geschrieben.

1 Vorwort

An dieser Stelle einen herzlichen Dank an meine Frau Christine, welche als Windows 10 Nutzerin mir wichtige Hinweise gab und auch mangelhafte, grammatikalische Konstruktionen korrigierte.

2 Einleitung

Dieses Buch thematisiert diverse Themen, um die Funktionsfähigkeit Ihres Computers zu gewährleisten und Ihre Daten vor Verlust oder Veränderung zu schützen. Die Vorschläge und Hinweise basieren auf einem Personal Computer mit einem Windows 10 Betriebssystem. Viele der behandelten Themen sind aber unabhängig vom Betriebssystem und gelten auch für Apple, Linux oder Smartphone Anwender.

Somit ist dieses Buch keine weitere Bedienungsanleitung für Windows 10. Das Ziel soll sein, die PC-Benutzer*innen auf die diversen Sicherheitsaspekte hinzuweisen oder falls schon bekannt, in Erinnerung zu rufen.

Die einzelnen Kapitel beschränken sich auf das Wesentliche. Es ist mir wichtig, nicht nur Klicks und Einstellungen zu thematisieren, sondern dazu auch die notwendigen Hintergrundinformationen (sogenanntes konzeptuelles Wissen) zu vermitteln. Somit ist der Umfang dieses Buches nicht durch irgendwelche Vorgaben, sondern rein durch die möglichst vollständige Thematik der IT- Sicherheit für eine(n) Windows 10 Nutzer*in gegeben.

Als langjähriger PC-Nutzer stellten sich mir immer wieder Fragen über Datensicherheit und Datenschutz. Auch ich kontrolliere nicht regelmässig die sicherheitsrelevanten Einstellungen und möglichen Einfallstore für Schadsoftware. Um die Übersicht zu dieser Thematik nicht zu verlieren, habe ich alle relevanten Punkte in diesem Buch zusammengefasst, auch mit der Absicht, dass ich sie selber besser im Auge behalten kann.

Einiges in diesem Buch wird Ihnen bereits bekannt sein. Ich bin aber überzeugt, dass Sie sicher das eine oder andere Aha-Erlebnis haben werden und Sie wichtige Informationen und Hinweise für den täglichen Umgang mit IT-Systemen mitnehmen können.

Ich empfehle Ihnen, dieses Buch durchzulesen und danach als Nachschlagwerk zu nutzen. Über das Inhaltsverzeichnis oder den Index ist ein direkter Zugriff zu den einzelnen Themen einfach möglich.

3 Authentifizierung

Die Authentifizierung ist eine wichtige Funktion beim Arbeiten mit einem PC oder dem Internet. Sie gewährleistet, dass die angebotenen Dienste oder die gespeicherten Daten auch wirklich zur betreffenden Person gehören. Man unterscheidet zwischen Ein-Faktor- und Zwei-Faktor-Authentifizierung. Eine erfolgreiche Authentifizierung führt zu einer Autorisierung, um die damit verbundenen Dienste und Daten zu nutzen.

3.1 Kennwörter

Mit Kennwörtern (auch Passwörter genannt) wird die traditionelle Ein-Faktor-Authentifizierung realisiert. Sie müssen einen möglichst grossen Zeichensatz umfassen und über eine gewisse Länge verfügen. Nach (Tim Philipp Schäfers, 2018) sollte ein Kennwort wie folgt gebildet werden:

- Kennwort mindestens 8-stellig, maximal 128-stellig
- mindestens 1 Zahl (0-9)
- mindestens 1 Sonderzeichen
- mindestens 1 Grossbuchstabe (A-Z)
- mindestens 1 Kleinbuchstabe (a-z)

Sonderzeichen sind heikel. Ich habe es selber erlebt, dass gewisse Sonderzeichen angenommen wurden, die Authentifizierung damit aber nicht funktioniert hat. Dasselbe gilt für Umlaute (ü ö ä). Zudem kann es mühsam werden, falls Sie sich mit einer anderen Tastatur (zum Beispiel im Ausland) an Ihrem WEB-Dienst anmelden wollen.

Folgende Sonderzeichen sollten immer funktionieren. Sie stammen alle vom American Standard Code for Information Interchange (ASCII), welcher als «Urcode» für die Datenübertragung gilt. Normalerweise sind sie auf allen Tastaturen vorhanden:

`!"#$%&'()*+,-./:;<=>?@[\]^_`{|}~`

Für **jede Anwendung** mit einer Kennwortauthentifizierung muss **ein eigenes Kennwort** verwendet werden! Dies gewährleistet, dass bei einem Kennwortdiebstahl die Diebe keinen Zugang zu all Ihren Anwendungen erhalten!

Da Sie sicher über mehrere Anwendungen verfügen, ist es nicht einfach, sich alle Kennwörter zu merken. Eine Möglichkeit ist das Bilden von Merksätzen:

Louise **#** **b**esucht **g**erne **i**hre **T**ante **a**n **d**er **W**olkenstrasse **8**

Das Kennwort lautet nun: L#bgiTadW8

Später werden wir Möglichkeiten kennenlernen, wie sich unsere Kennwörter verwalten lassen.

Sie haben sich sicher schon gefragt, wieso Kennwörter so viele Zeichen enthalten müssen. Selbst ein Billigstarbeiter aus Fernost würde schon einiges an Kosten verursachen, um ein 4-stelliges Kennwort zu erraten. Zudem würde ein solches Probieren entdeckt und der Zugriff gesperrt. Nein, ein allfälliger Angriff auf Ihr Kennwort erfolgt ganz anders. Dazu etwas Theorie über die Speicherung und Verschlüsselung von Kennwörtern:

Die von Ihnen eingegebenen Kennwörter müssen gespeichert werden, damit später ein Vergleich für eine Anmeldung stattfinden kann. Je nach Art der Anwendung erfolgt die Speicherung lokal auf Ihrem PC oder im Server der Programme (Apps). Damit die Kennwörter sich nicht einfach auslesen lassen, erfolgt vor der Speicherung eine Verschlüsselung. Dazu wird eine Hash-Funktion eingesetzt. Zum Beispiel könnte Ihr Kennwort L#bgiTadW8 nach der Verschlüsselung wie folgt aussehen:

```
d4aad56705c5dfef1761fef5ab43090e
```

Die Verschlüsselung (Tim Philipp Schäfers, 2018) erfolgt asymmetrisch, d.h. es ist unmöglich aus diesem Hash-Wert das Kennwort zurückzubilden. Somit kann niemand ihr eingegebenes Kennwort lesen! Bei einer Anmeldung wird das angegebene Kennwort mit der gleichen Hash-Funktion verschlüsselt. Stimmen die Hash-Werte überein, ist das Kennwort korrekt und somit eine Anmeldung erfolgreich.

Gelingt es nun einem Angreifer die Kennwörter zu stehlen, d.h. sie auf seinen Computer zu kopieren, so kann er mit einer sogenannten Brute-Force-Methode versuchen, das Kennwort zu erraten. Das Unterfangen ist nicht einfach. Bei

26 Grossbuchstaben + 26 Kleinbuchstaben + 10 Zahlen + 32 Sonderzeichen ergeben eine Auswahl aus 94 Zeichen.

Bei einer Kennwortlänge von 8 Zeichen ergeben sich

```
Zeichenanzahl Kennwortlänge =
```

$$94^8 = 6.0957... \times 10^{15} \text{ Kombinationen}$$

Dies ist eine 16-stellige Zahl! Wahrlich auch für einen Computer nicht einfach zu erraten. Aber nicht unmöglich!

Damit lässt sich auch erklären, woher die Forderung kommt, das Kennwort periodisch zu ändern. Bis ein gestohlenes Kennwort erraten wird, ist es ev. bereits ungültig, da es der Besitzer geändert hat.

3.2   Single-Sign-on (SSO)

Diverse Anbieter von Internetdiensten wie Google, Facebook oder Apple bieten Ihre Authentifizierung auch für andere Dienstleister an. Zum Beispiel können Sie sich mit Ihrer Google Authentifizierung auch bei Wordpress anmelden. Solche Dienste sind praktisch, verstossen aber gegen die Regel «Unterschiedliche Kennwörter für unterschiedliche Anwendungen»! Ich empfehle Ihnen davon keinen Gebrauch zu machen. Zudem sollten wir den notorischen Datensammlern nicht unnötig Informationen über uns liefern.

3.3   Kennwortverwaltung

Die Forderung «Unterschiedliche Kennwörter für unterschiedliche Anwendungen» führt bei den meisten Anwendern und Anwenderinnen zu einer zweistelligen Zahl von Kennwörtern. Selbst Personen mit guten Merkfähigkeiten und raffinierten Merksätzen können diese nicht im Kopf behalten. Abhilfe schaffen hier Kennwortspeicher. Mit Hilfe eines Masterkennwortes (welches natürlich stark sein muss) lassen sich beliebig viele Kennwörter verwalten. Kennwortspeicher gibt es als App auf Ihrem Smartphone, oder sie lassen sich auf Ihrem PC installieren (siehe Abbildung 3-1). Die PC-Version hat den Vorteil, dass Benutzername und Kennwort einfach mit Copy/Paste herauskopiert, und nicht eingetippt werden müssen.

Solche Kennwortspeicher lassen sich kostenlos aus dem Internet beziehen.

Hier ein Beispiel für einen Kennwortspeicher:

 KeePass Password Safe	https://keepass.info/

Abbildung 3-1 Programm für Kennwortverwaltung

Übrigens:

Auf der Internetseite von KeePass gibt es die Möglichkeit, den Autoren für ihre Arbeit etwas zu spenden. Wieso auch nicht!

4 Sicherheitsmassnahmen in Windows 10

Das Betriebssystem Windows 10 ist weit verbreitet. Man kann schon fast von einer Monokultur sprechen. Monokulturen haben es in sich. Schädlinge können sich einfach ausbreiten und Schaden anrichten. Umso wichtiger ist es, die vorhandenen Schutzmassnahmen vollständig und korrekt zu nutzen.

Es kann sein, dass sich Ihr Windows 10 nicht genau so präsentiert, wie in den folgenden Kapiteln beschrieben. Die hier gezeigten Features basieren auf Windows 10 Home. Microsoft kann im Rahmen von Funktionsupdate Ergänzungen oder Änderungen anbringen, was sich auf die Präsentation der Möglichkeiten auswirken könnte.

In den folgenden Kapiteln werden wir die kritischen Einstellungen anschauen und entsprechend konfigurieren. Es handelt sich dabei um keine vollständige Beschreibung der Windows 10 Einstellungen. Sondern wie erwähnt, werden nur sicherheitskritische Punkte thematisiert.

4.1 Navigation in den Menüs von Windows 10

Um zu den Einstellungen zu kommen, müssen wir uns durch die Menüs navigieren. Dies könnte so aussehen:

4 Sicherheitsmassnahmen in Windows 10

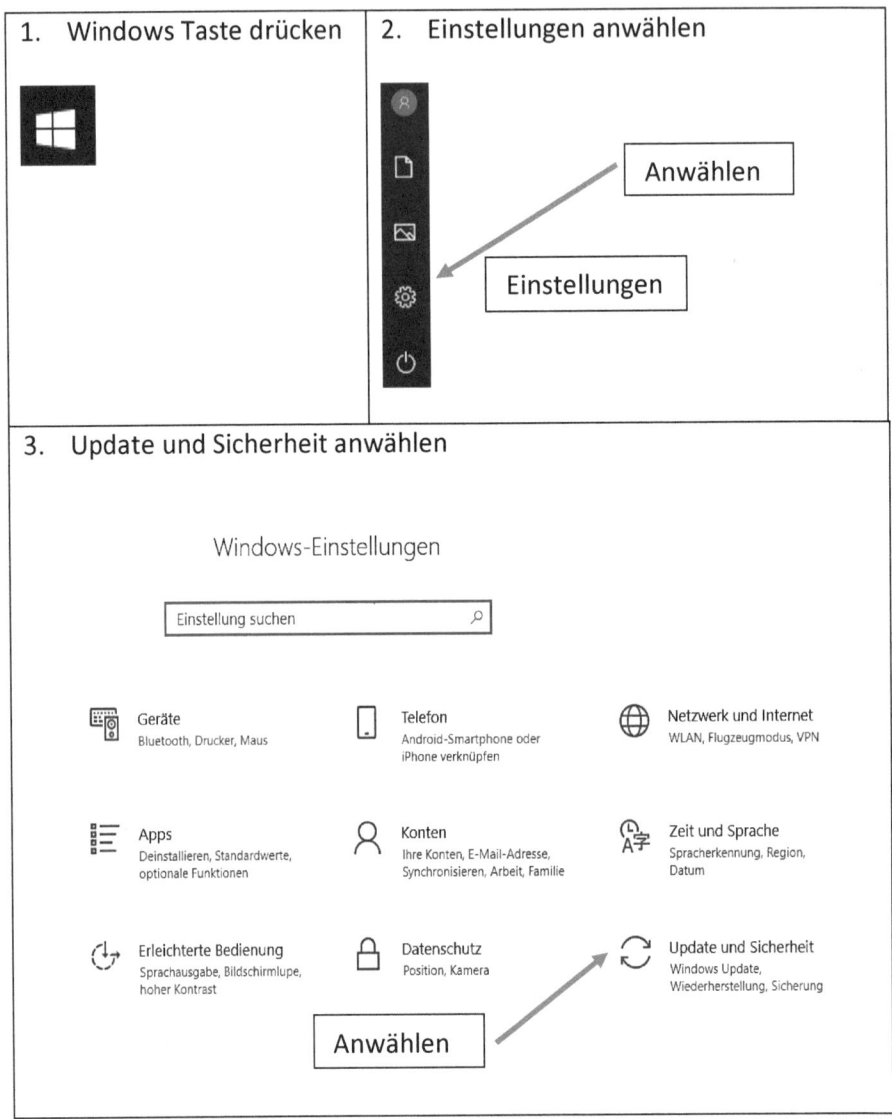

Abbildung 4-1 Navigationsbeschreibung in Windows 10

Eine solche Anwahl wird in diesem Buch wie folgt dargestellt:

Windows Taste > Einstellungen > Update und Sicherheit

4.2   Update und Sicherheit

4.2.1   Windows Update

Das Update von Windows 10 erfolgt automatisch. Ich empfehle Ihnen, dies zu kontrollieren. Sie finden es unter

Windows Taste > Einstellungen > Update und Sicherheit > Windows Update > Updateverlauf anzeigen

Wichtig sind hier die sogenannten «Qualitätsupdates». Die Installationen werden entsprechend angezeigt. Falls die Installation nicht erfolgreich war, wird Windows 10 später erneut versuchen, das Update zu installieren. Falls dies nach mehreren Versuchen scheitert, wählen Sie das Update an und versuchen Sie über die bereitgestellten Informationen das Problem zu lösen.

Falls der Windows Defender ein Teil Ihrer Virenabwehr ist, müssen auch «Weitere Updates» kontrolliert werden.

Es lohnt sich auch einen Blick in die «Treiberupdates» zu werfen. Auch hier sollten Sie überprüfen, ob alles erfolgreich aufdatiert wurde.

Etwas speziell sind die «Funktionsupdates». Sie bieten neue Möglichkeiten und Funktionen für Windows 10. Überprüfen Sie auch diesen Teil. Momentan stellt Microsoft zwei Funktionsupdates pro Jahr zur Verfügung.

4.2.2   Windows Sicherheit

Windows 10 Sicherheit ist das Zentrum für alle Massnahmen, welche die Sicherheit betreffen. Sie öffnen es über:

Windows Taste > Einstellungen > Update und Sicherheit > Windows-Sicherheit > Windows- Sicherheit öffnen

Hier erhalten Sie eine praktische Übersicht relevanter Sicherheitsthemen wie

- Viren- und Bedrohungsschutz
- Kontoschutz
- Firewall- und Netzwerkschutz
- App- und Internet-Browsersteuerung
- Gerätesicherheit
- Geräteleistung und Integrität

Das Thema Familienoption wird später beschrieben (Kapitel «Familie und weitere Kontakte»).

Falls sie mit einem ✅ markiert sind, brauchen Sie nichts zu unternehmen. Wird eine Massnahme verlangt, öffnen Sie das Thema. Ev. ist das Problem direkt lösbar. Andernfalls lassen sich weitere Informationen auf der Seite zuschalten, welche vertiefte Hinweise zur Problemlösung aufzeigen.

4.2.3   Für Entwickler

Kontrollieren Sie, ob «Geräteportal aktivieren» und «Gerätesuche» ausgeschaltet sind. Dies ist normalerweise der Fall, ausser Sie arbeiten im Entwicklermodus. Der Entwicklermodus würde es erlauben, beliebige Programme (Apps) zu installieren und Entwicklungsfeatures zu nutzen. Verzichten Sie wenn möglich auf den Entwicklungsmodus.

4.3   Sicherung und Wiederherstellung

Stellen Sie sich vor, Sie verlieren alle Fotos von Ihren Kindern, Eltern, Geschwistern, Ihrer Hochzeit oder Ihrer Ferienreise. Eine Katastrophe! Um dies zu verhindern, müssen Sie Ihre Daten sichern.

Windows 10 bietet Ihnen zwei Sicherungssysteme an, welche sich gegenseitig ergänzen:

- Sicherung von Dateien
- Erstellen von Systemabbilder

Die Dateisicherung arbeitet inkrementell. Dies spart Zeit und ermöglicht auch ältere Versionen von Dateien wiederherzustellen. Die Sicherung/Wiederherstellung von Systemabbilder basiert auf der Windows 7 Technologie. Grundsätzlich könnte man auf die Sicherung von Systemabbilder verzichten, da sich Windows 10 und alle Programme (Apps) jederzeit wieder neu installieren lassen. Ich empfehle Ihnen aber in jedem Fall die Systemabbildsicherung durchzuführen. Sie sind bei Problemen in einer besseren Ausgangslage und können Ihr System schneller und einfacher wiederherstellen.

Für die Sicherungen besorgen Sie sich ein externes Laufwerk mit einem USB- Anschluss (in den folgenden Kapiteln Sicherungslaufwerk genannt). Die Kapazität sollte mindestens doppelt so gross wie die zu sichernden Laufwerke auf Ihrem Windows 10 sein. Darauf lassen sich sowohl Ihre Dateien als auch Ihre Systemabbilder sichern.

4.3.1   Erstellen eins Systemwiederherstellungslaufwerkes

Ich empfehle Ihnen, ein Systemwiederherstellungslaufwerk zu erstellen. Dies ist nicht zu verwechseln mit dem Systemabbild. Sie benötigen dazu einen USB-Stick mit mindestens 16 Gigabyte (GB) Speicherplatz. Microsoft empfiehlt einmal pro Jahr das

Systemwiederherstellungslaufwerk neu zu bilden (Microsoft, Systemwiederherstellungslaufwerk, 2019). Auch wenn für Sie im Ernstfall eine Systemwiederherstellung zu kompliziert ist, einem Spezialisten würde sie die Arbeit erleichtern. Gehen Sie dazu wie folgt vor:

Windows Taste > Einstellungen > Update und Sicherheit > Sicherung > Zu Sichern und Wiederherstellen (Windows 7) wechseln

Wählen Sie unten links «Sicherheit und Wartung an», danach den Link «Wiederherstellung» anwählen:

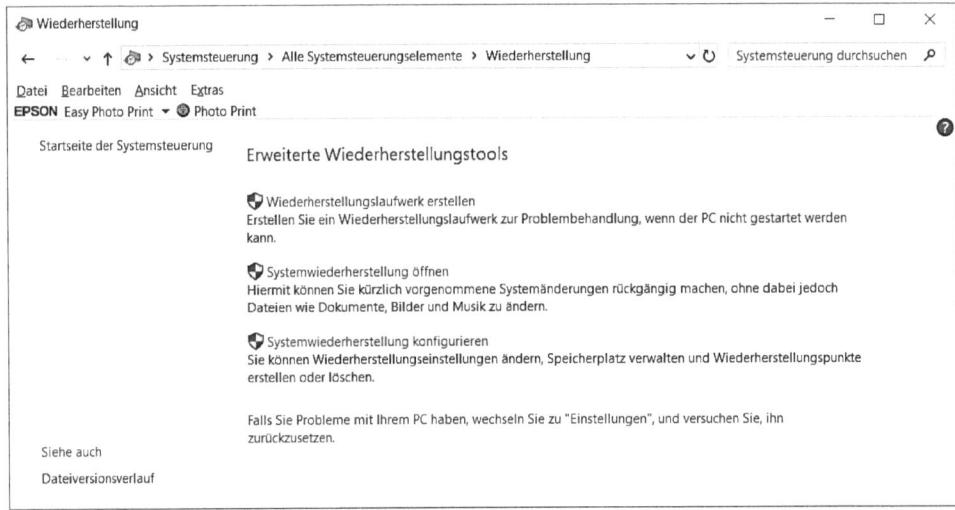

Abbildung 4-2 Erweiterte Wiederherstellungstools

Mit dem Menü «Wiederherstellungslaufwerk erstellen» startet ein Assistent. Er führt Sie durch die Erstellung des Laufwerkes. Er wird von Ihnen ein Speichermedium verlangen. Hier kommt nun der vorgängig erwähnte USB-Stick zum Einsatz. Beachten Sie, dass alle Daten darauf gelöscht werden. Sie können den Assistenten jederzeit abbrechen, müssen dann aber wieder von vorne beginnen.

Beschriften Sie das so erzeugte Wiederherstellungslaufwerk und legen Sie es an einem sicheren Ort ab.

4.3.2   Sicherung von Dateien

Schliessen Sie das Sicherungslaufwerk an.

Aktivieren Sie die Sicherung (Englisch: Backup) über

Windows Taste > Einstellungen > Update und Sicherheit > Sicherung

Geben Sie unter «Laufwerk hinzufügen» Ihr Sicherungslaufwerk an. Falls Sie es schon einmal hinzugefügt haben, ist es bereits bekannt und Sie müssen hier nichts mehr unternehmen. Nach der Bekanntgabe des Speichermediums lässt es sich beliebig ein- und ausstecken. Windows 10 wird es immer wieder als Sicherungslaufwerk erkennen. Falls es noch nicht eingesteckt ist, schliessen Sie es jetzt an.

Stellen Sie den Schalter «Meine Dateien automatisch sichern» auf ein.

Unter dem Link «Weitere Optionen» lässt sich die Sicherung starten und konfigurieren:

Knopf «Jetzt sichern»: Startet unmittelbar eine Sicherung

Kombinationsfeld «Meine Dateien sichern»: Konfiguration eines Sicherungsintervalls. Standard ist stündlich.

Kombinationsfeld «Meine Sicherung beibehalten»: Hier lässt sich festlegen, wie lange Ihre Dateien gespeichert bleiben. Standard ist immer. Falls es Platzprobleme auf dem Sicherungslaufwerk gibt, wählen Sie die Option «Bis Platz benötigt wird».

Unter dem Thema «Diese Ordner sichern» lassen sich die zu sichernden Ordner hinzufügen. Windows 10 gibt bereits eine Vorwahl. Kontrollieren Sie, ob Ihre Arbeitsordner auch darunter sind. Sie können davon ausgehen, dass bei einem angegebenen Ordner auch sämtliche Unterordner mit Inhalt gesichert werden.

Richten Sie Ihre Aufmerksamkeit auf die folgenden Verzeichnisse:

- Bilder
- Dokumente
- Musik
- Videos
- Zudem sollten auch die E-Mails gesichert werden. Kontrollieren Sie, wo Ihr E-Mail-Programm die Daten ablegt. Falls der Speicherort nicht in der Liste ist, fügen Sie ihn noch hinzu.
  Falls Outlook 2019 Ihr E-Mail-Programm ist, finden Sie den Speicherort unter

  Datei > Kontoeinstellungen > Datendateien

Verfügt Ihr Windows 10 über weitere Laufwerke, müssen Sie die zu sichernden Ordner manuell hinzufügen.

Unter dem Thema «Ordner ausschliessen» lassen sich allfällig nicht mehr benötigte Ordner von der Sicherung ausschliessen.

4.3.3   Wiederherstellen von Dateien

Für die Wiederherstellung von Dateien (Englisch: Restore) öffnen Sie

Windows Taste > Einstellungen > Update und Sicherheit > Sicherung > Weitere Optionen

Ganz unten finden Sie den Link «Dateien von einer aktuellen Sicherung wiederher-stellen» .

Folgen Sie dem Link und navigieren Sie zur gesuchten Datei:

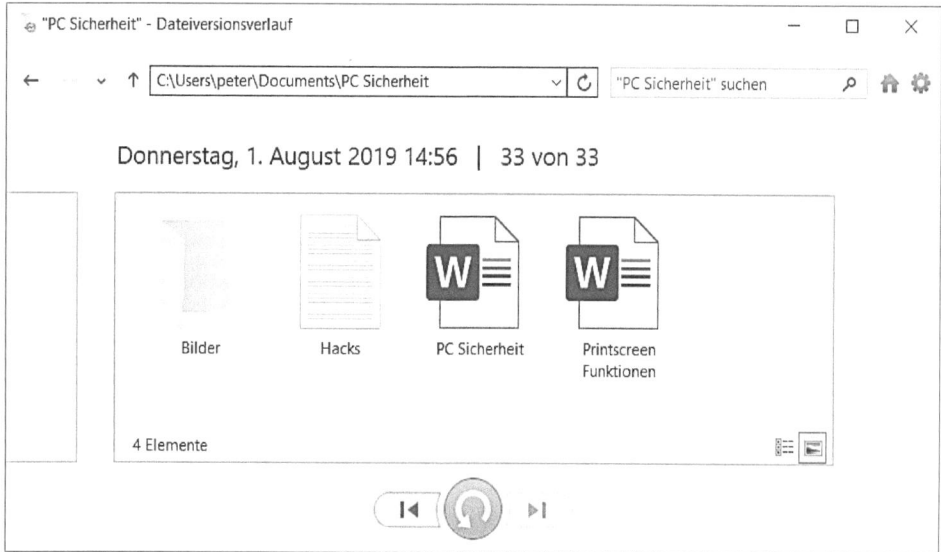

Abbildung 4-3 Dateiversionsverlauf

In diesem Bespiel finden Sie 33 Versionen des Ordners PC-Sicherheit. Mit den Knöpfen unten (Pfeil links und rechts) lassen sich die Versionen anzeigen. Oben wird das Datum eingeblendet. Um die gewünschte Datei wiederherzustellen selektieren Sie sie. Mit dem runden Knopf unten in der Mitte lässt sich die gewünschte Datei wiederherstellen.

Falls Sie aus Versehen ein Teil eines Dokumentes gelöscht haben, hätten Sie hier die Möglichkeit, mit einer älteren Version des Dokumentes weiterzuarbeiten, bzw. den gelöschten Teil herauszukopieren. Vergessen Sie aber nicht, vor dem Einlesen einer älteren Version die aktuelle Version umzubenennen, damit sie nicht überschrieben wird.

Wichtig:

Kontrollieren Sie ab und zu, ob die Dateiwiederherstellung funktioniert. Vor allem bei Ordnern und Laufwerken, welche Sie selbst hinzugefügt haben. Löschen Sie eine Datei (sie wäre im Papierkorb noch vorhanden) und stellen Sie sie ab Ihrem Sicherungslaufwerk wieder her.

4.3.4   Automatische Sicherung versus manuelle Sicherung

Die automatische Sicherung (Englisch: Online Backup) gewährleistet, dass unabhängig vom Benutzer die Dateien möglichst zeitnah gesichert werden. Dies ist eine feine Sache, lässt sich doch bei einem defekten Laufwerk (fast) alles wiederherstellen. Der grosse Nachteil ist, dass bei einem allfälligen Virusbefall sehr schnell auch die Sicherung infiziert wird! Dies wäre fatal.

Ich schlage Ihnen vor, keine automatische Sicherung einzurichten, sondern manuell zu sichern (Englisch: Offline Backup). Trennen Sie im Normalfall Ihr Sicherungslaufwerk vom PC. Starten Sie beispielsweise vor einer Pause Ihre Dateisicherung manuell, indem Sie das Sicherungslaufwerk mit dem PC verbinden und unter

Windows Taste > Einstellungen > Update und Sicherheit > Sicherung > Jetzt sichern

die Sicherung starten. Verzichten Sie, während dem das Sicherungslaufwerk mit dem Windows 10 verbunden ist, auf jeglichen E-Mail-Verkehr oder ein Surfen im Internet. Dadurch sind die grössten Einfallstore für Viren geschlossen und eine Infizierung der Sicherung ist sehr unwahrscheinlich. Schliessen Sie während der Sicherung auch alle Programme (Apps). Sie erhalten dadurch eine zeitlich klar definierte Sicherung aller Dateien.

Vergessen Sie nicht nach der Sicherung das Sicherungslaufwerk wieder vom PC zu trennen.

4.3.5   3-2-1 Regel der Datensicherung

Die Regel besagt, dass neben Ihren Daten auf dem PC (1) auch eine Sicherungskopie (2) bestehen muss, wie im vorhergehenden Kapitel beschrieben . Zusätzlich bräuchte es aber noch eine weitere Sicherung (3), welche örtlich getrennt aufbewahrt werden sollte. Falls bei einem Einbruch Ihr PC mit der externen Datensicherung gestohlen wird oder einem Brand zum Opfer fällt, verfügen Sie immer noch über eine Kopie Ihrer wichtigsten Daten.

Für eine örtlich getrennte Datensicherung eignet sich ein

- Cloud-Speicher,
- ein weiteres USB-Laufwerk

Beachten Sie dazu folgendes:

- Falls Sie OneDrive als Cloud-Speicher nutzen, wäre eine automatische Synchronisation möglich. Allerdings funktioniert das nicht für Outlook-Dateien (.pst) (Microsoft, 2019). Zudem sind ab einer gewissen Datengrösse die Cloudspeicher kostenpflichtig.

- Für das USB-Laufwerk benötigen Sie einen sicheren Aufbewahrungsort (beispielsweise eine abschliessbare Schublade an Ihrem Arbeitsort).

- Verwenden Sie dieses USB-Laufwerk nicht wie im Kapitel «Sicherung von Dateien» besprochen. Sie müssten es immer wieder an- und abmelden. Dies könnte zu einem Durcheinander führen!

Arbeite Sie somit folgendermassen:

Kopieren Sie mit dem Datei-Explorer die zu sichernden Dateien auf Ihr drittes Sicherungsmedium. Sie brauchen das ja nicht täglich zu tun. Ein paarmal pro Jahr sollte durchaus reichen.

4.3.6 Sicherung von Systemabbilder

Für die Sicherung von Systemabbilder gehen Sie wie folgt vor:

Windows Taste > Einstellungen > Update und Sicherheit > Sicherung > Zu Sichern und Wiederherstellen (Windows 7) wechseln

Verbinden Sie Ihr Sicherungslaufwerk mit dem PC. Sie können das gleiche Laufwerk wie für die Sicherung von Dateien verwenden. Falls Sie zum ersten Mal ein Systemabbild erstellen, müssen Sie noch gewisse Informationen angeben.

Wählen Sie «Jetzt sichern» an.

Die Sicherung startet und unter «Details anzeigen» lassen sich weitere Informationen über den Sicherungsverlauf anzeigen.

Über den Knopf «Speicherplatz verwalten», können Sie ältere, nicht mehr benötigte Sicherungen löschen und somit Speicherplatz freigeben.

4.3.7 System wiederherstellen

Es gibt mehrere Möglichkeiten, Windows 10 wiederherzustellen:

1. Möglichkeit

Falls sich Ihr Windows 10 noch starten lässt und Sie sich anmelden können, ist dies die einfachste Möglichkeit das System wiederherzustellen:

Windows Taste > Einstellungen > Update und Sicherheit > Sicherung > Zu Sichern und Wiederherstellen (Windows 7) wechseln

Wählen Sie unten links «Sicherheit und Wartung an», danach den Link «Wiederherstellung» anwählen.

Verbinden Sie Ihr Sicherungslaufwerk mit dem PC.

Als nächster Schritt folgt die «Systemwiederherstellung öffnen», anschliessend folgen Sie dem Assistenten:

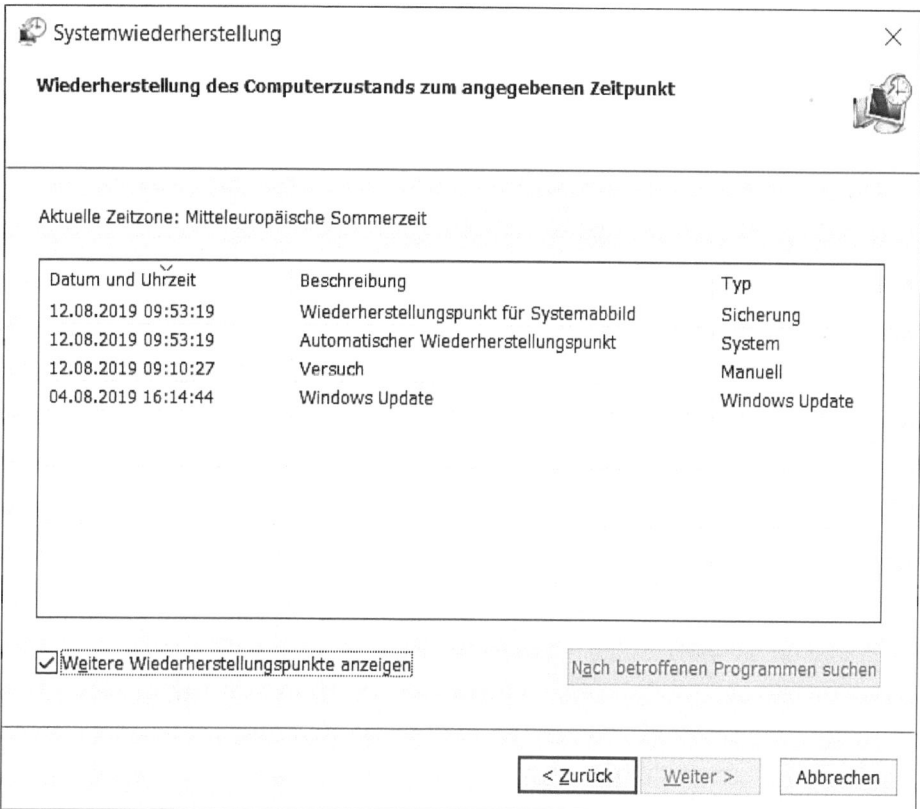

Abbildung 4-4 Wiederherstellungspunkte

Setzen Sie unten Links das Häklein «Weitere Wiederherstellungspunkte anzeigen», um eine Übersicht über alle Wiederherstellungspunkte zu erhalten.

Die Wiederherstellungspunkte sind nach Datum geordnet. Wählen Sie somit ein Datum (Wiederherstellungspunkt) aus, auf den Ihr Windows 10 zurückgesetzt werden muss.

Wählen Sie «Weiter» an und danach «Fertig stellen».

Die Systemwiederherstellung startet und nach einem Neustart ist Ihr System wieder auf dem gewünschten Stand.

2. Möglichkeit

Falls sich Ihr Windows 10 noch starten lässt und Sie mindestens bis zur Anmeldeseite kommen, bietet sich folgende Möglichkeit der Wiederherstellung an:

Starten Sie den PC. Falls Sie sich per Gesichtserkennung anmelden, decken Sie die Kamera ab. Sobald die Anmeldeseite erscheint, sollte unten rechts das «Ein/Aus Zeichen» sichtbar sein. Ev. haben Sie noch ein Sammelzeichen anzuklicken. Klicken Sie auf das «Ein/Aus Zeichen», danach drücken Sie die Umschalttaste (Shift) und wählen «Neu starten» an.

Sie haben somit Ihr Windows 10 in den Wiederherstellungsmodus gebracht.

Wählen Sie als nächstes die «Problembehandlung», danach «Erweiterte Optionen» an.

Mit der Option «Systemimagewiederherstellung» (ev. müssen Sie auf der Seite weiterblättern um diese Option zu finden) startet ein Assistent, welcher Sie auffordern wird, das Sicherungslaufwerk mit den Systemabbildern anzuschliessen. Sie können den Assistenten jederzeit abbrechen, müssen dann aber wieder von vorne beginnen.

Folgen Sie dem Assistenten. Er benötigt Ihre Anmeldeinformationen (Benutzer und Kennwort). Wählen Sie die aktuellste Version aus. Sind Sie sich bewusst, dass Daten, welche nach der Sicherung des letzten Systemabbildes erstellt wurden, nicht mehr vorhanden sind! Sie müssen sie von Ihrer Dateiensicherung wiederherstellen.

Sobald die Wiederherstellung gestartet ist, dürfen Sie sie nicht unterbrechen!

Nach einem Neustart ist Ihr System wieder auf dem Stand der letzten Sicherung Ihres Systemabbildes.

3. Möglichkeit

Falls nach dem Einschalten Ihres PC eine Fehlermeldung wie «Kein Laufwerk, kein Betriebssystem gefunden» erscheint oder Sie eine hässliche Virusfratze begrüsst, dann sind Sie hier richtig. Doch alles der Reihe nach. Seit der Anfangszeit des PC wird er mit einem BIOS (Basic In/Output System) ausgeliefert. Das BIOS führt gewisse Tests und Konfigurationen durch. Es befindet sich auf den Chips der PC- Hardware. Das BIOS genügt seit einiger Zeit den Anforderungen nicht mehr. Die Lieferanten haben sich darauf geeinigt, das BIOS durch das UEFI (Unified Extensible Firmware Interface) zu ersetzt (Wikipedia, 2019). Da es auch die BIOS Funktionen übernommen hat, wird es oft als BIOS/UEFI bezeichnet. Das UEFI enthält u.a. einen Secure-Boot Mechanismus. Damit soll verhindert werden, dass sich ein Virus in den Startprozess einschleichen kann.

Um die am Anfang erwähnten Probleme zu lösen, müssen Sie während des Startprozesses Ihres PC's in den BIOS/UEFI Modus gelangen. Beachten Sie, dass die Hersteller der PC-Hardware für dieses Problem ebenfalls Lösungen anbieten. Konsultieren Sie dazu die Anleitung zum PC. Falls Sie keine Anleitung haben, suchen Sie die Informationen auf einem anderen PC im Internet. Ev. ist es einfacher das Problem auf diese Art zu lösen.

Falls für Sie dies zu kompliziert wird, zögern Sie nicht einen Fachmann zu konsultieren. Bei einem defekten Laufwerk wird dies dann so oder so nötig sein.

Als erstes müssen Sie ins BIOS/UEFI kommen. Nach dem Einschalten wird Ihnen unten am Bildschirm angezeigt, welche Taste Sie drücken müssen, um dahin zu gelangen.

Hinweis: Bei den meisten PC wird nicht angezeigt, welche Taste für den Einstieg ins BIOS/UEFI zuständig ist. Meistens sind es die Tasten "F1", "F2", "F8" oder "F10". Bevor Sie mühsam herumprobieren, suchen Sie im Internet unter Angabe des Herstellers und des PC-Typs den Hinweis auf die richtige Taste.

Die notwendigen Einstellungen des BIOS/UEFI für ein Starten ab einem externen Laufwerk sind hier nur generell beschrieben. Das BIOS/UEFI sieht je nach Version und Hersteller immer etwas anders aus:

1. Schliessen Sie das im Kapitel «Erstellen eines Systemwiederherstellungslaufwerkes» erstellte Wiederherstellungslaufwerk an einem USB-Anschluss an.
2. Starten Sie den PC und bringen Sie ihn durch wiederholtes Drücken der entsprechenden Taste (siehe oben) in den BIOS/UEFI Modus.
3. Wechseln Sie im BIOS/UEFI die Bootreihenfolge. Meistens finden Sie dies unter der Menüposition «Boot».
4. Ändern Sie die Einstellung so, dass ein Booten ab einem externen Device (USB-Device) zuerst erfolgt.
5. Speichern Sie die Einstellung
6. Durch einen Neustart des PC wird er ab dem Wiederherstellungslaufwerk starten und Ihnen Möglichkeiten zur Systemreparatur aufzeigen.

Wählen Sie die Option «Problembehandlung», danach «Erweiterte Optionen» an.

Mit der Option «Systemimage-Wiederherstellen» und nach der Wahl des Betriebssystems startet ein Assistent.

Folgen Sie dem Assistenten. Sie können ihn jederzeit abbrechen, müssen dann aber wieder von vorne beginnen.

Schliessen Sie das im Kapitel «Sicherung von Systemabbilder» erwähnte Sicherungslaufwerk an einem USB-Anschluss an.

Wählen Sie die aktuellste Version aus. Sind Sie sich bewusst, dass Daten, welche nach der Sicherung des letzten Systemabbildes erstellt wurden, nicht mehr vorhanden sind! Sie müssen sie von Ihrer Dateiensicherung wiederherstellen.

Sobald die Wiederherstellung gestartet ist, dürfen Sie sie nicht unterbrechen!

Nachdem der Assistent fertig ist, fahren Sie das System wieder herunter und entfernen Sie alle USB-Laufwerke. Nach einem Neustart ist Ihr System wieder auf dem Zustand der letzten Sicherung Ihres Systemabbildes.

Vergessen Sie zum Schluss nicht die Bootreihenfolge im BIOS/UEFI wieder auf den ursprünglichen Stand zurückzusetzen.

4.4   Konten

Unter

Windows Taste > Einstellungen > Konten

befinden sich einige sicherheitsrelevante Einstellungen, welche genauer angeschaut werden sollten.

4.4.1   Ihre Infos

In diesem Bereich lassen sich Informationen wie Benutzername, E-Mail-Adresse und Berechtigungsrolle kontrollieren.

4.4.2   E-Mail- & Konten

Hier lässt sich unter «Von anderen Apps verwendeten Konten» Ihr Microsoftkonto einrichten oder verwalten. Aus den folgenden Gründen ist ein Microsoftkonto emp-fehlenswert:

- Es ermöglicht eine, wenn auch beschränkte, Überwachung von sicherheits-relevanten Funktionen all Ihrer PCs mit Windows 10.
- Es bietet Hilfe bei Anmeldeproblemen.
- Es zeigt die Zeit und den ungefähren örtlichen Standort der Anmeldung in Ihr Windows 10 auf.
- ………..

Sie können über

https://account.microsoft.com

auch ausserhalb Ihres PCs darauf zugreifen.

4.4.3   Anmeldeoptionen

Für eine Anmeldung an Windows 10 lässt sich neben diversen anderen Möglichkei-ten folgende Anmeldeoptionen auswählen:

Mit einem PIN anmelden

Eine Anmeldung mittels PIN ist vorzuziehen (Microsoft, 2019). Er ist fix an ein Gerät gebunden. Eine Person, die Ihr Kennwort stiehlt, kann sich überall über Ihr Konto anmelden. Wenn diese Person jedoch Ihren PIN stiehlt, muss sie auch Ihr Gerät steh-len, um zu Ihren Daten zu gelangen.

Analog zu den Smartphones können Sie es hier wagen, einen 4-stelligen PIN zu verwenden.

Mit einem Kennwort anmelden

Mit dieser Anmeldeform wird ein Kennwort verwendet. Die Anmeldung kann lokal oder über ein Netzwerk erfolgen. Somit macht diese Form Sinn, wenn Sie Windows 10 in einem Netzwerk betreiben. Hier sollte aber ein Kennwort nach den im Kapitel «Authentifizierung» erwähnten Regeln gesetzt werden.

4.4.4 Familie und weitere Kontakte

Familienmitglieder hinzufügen

Hier lässt sich der Zugriff für Ihre Familienmitglieder festlegen und sie in Ihre Familiengruppe einfügen. Allerdings erwartet Windows 10, dass jedes Familienmitglied, also auch jedes Kind, über eine E-Mail-Adresse und ein eigenes Microsoft Konto verfügt. Falls die E-Mail-Adresse und das Konto fehlen, lassen sie sich hier auch einrichten. Für jedes Kind kann für Windows 10 und die Xbox Spielkonsole folgendes festgelegt werden (Microsoft):

- Wöchentliches E-Mail über die Aktivitäten Ihres Kindes.
- Zeitplan für die Bildschirmnutzung.
- Guthaben für Einkäufe auf dem Microsoft Store.
- Blockieren unangemessener Seiten und Spiele. Dazu kann eine Altersgrenze festgelegt werden.
- Aufenthaltsort Ihres Kindes, sofern es über ein Windows 10-Handy oder ein Android-Gerät verfügt, auf dem der Microsoft Launcher installiert ist.

Sie ahnen es. Diese Features sind Teil des Microsoft Geschäftsmodells. Um juristische Schwierigkeiten («Microsoft schützt unsere Kinder nicht») zu umgehen, muss ein Konzern dieser Grössenordnung solche Möglichkeiten anbieten.

Ob Sie solche Sperren und Überwachungen nutzen wollen, ist Ihnen überlassen. Beachten Sie, dass dies nur für die Microsoft Produkte (Windows 10, Internet Browser Edge und die Suchmaschine Bing) gilt. Google müssten Sie auch noch entsprechend konfigurieren. Fühlen Sie sich nicht zu sicher. Jugendliche sind äusserst raffiniert beim Umgehen irgendwelcher Sperren.

Unabhängig davon empfehle ich Ihnen, Ihre Kinder nicht alleine dem Gamen oder dem Surfen im Internet zu überlassen. Pflegen Sie einen aktiven Dialog über die Erlebnisse mit diesen Medien.

Lassen Sie sich von Ihrem Sohn zeigen, wie er mit einem Ego-Shooter Game spielt. Natürlich braucht es starke Nerven, wenn er Ihnen erklärt, wie raffiniert er seine Gegner abknallt. Sie brauchen nicht zu applaudieren und dürfen durchaus Ihr Missfallen ausdrücken. Beachten Sie aber, für ihn ist es nur ein Spiel. Zu einem Verbrecher wird er dadurch noch lange nicht (Bodmer, 2019).

Fragen Sie Ihre Tochter, was es für neue Features bei den Sozialen Medien gibt. Sie wird sie Ihnen gerne vorführen und Sie lernen dabei noch etwas. Ihren Chat wird sie Ihnen aber sicher nicht zeigen. Akzeptieren Sie das.

Thematisieren Sie immer wieder Erlebnisse und Erfahrungen beim Spielen und Chatten mit den elektronischen Medien. Dies ist die einzige Chance Probleme frühzeitig zu erkennen.

Reden Sie mit Ihren Kindern über die Gefahren des Internets:

- Keine zweideutigen Fotos von sich veröffentlichen, auch nicht an Freunde versenden. Freundschaften halten nicht immer ewig.
- Das gilt natürlich auch für Eltern. Veröffentlichen Sie nie Fotos von Kindern, welche einen zweideutigen Charakter haben. Das Internet vergisst nie etwas!
- In einer Gruppe sich so verhalten, dass alles was sie sagen und machen auch veröffentlicht werden könnte. Überall gibt es (heimliche) Filmer, die gerne peinliche Kommentare oder Bilder ins Netz stellen.
- Kein Chat mit fremden Personen.
- In Sozialen Medien möglichst wenig von sich preisgeben.
- ....

Diesem PC eine andere Person hinzufügen

Mit dieser Option lässt sich Ihrem PC ein weiteres Anmeldekonto hinzufügen. Es erhält den Kontotyp Standard, hat also keine Administratorenrechte. D.h. eine Person, welches sich über dieses Konto anmeldet, hat keine Möglichkeit, relevante Konfigurationsdaten zu ändern. Für die Installation von Programmen (Apps) werden temporär Administratorenrechte angefordert (durch Kennworteingabe).

Ein solches Konto erhöht die Sicherheit beim Surfen im Internet. Falls Sie häufig im Internet Unbekanntes erkunden, können Sie damit das Risiko einen Virus einzufangen, minimieren.

Hinweis für das Einrichten:

Windows 10 möchte von Ihnen eine E-Mail-Adresse als Namen. Da Sie Ihre E-Mail-Adresse ja bereits angegeben haben, wählen Sie die Option «Ich kenne die Anmeldeinformationen für diese Person nicht» und fahren danach mit «Benutzer ohne Microsoft-Konto hinzufügen» weiter.

Nach dem Einrichten lässt sich beim Starten Ihres Windows 10 wählen, mit welchem Konto Sie sich anmelden wollen.

4.5   Geräte

4.5.1   Automatische Wiedergabe

Die Reaktion von Windows 10 beim Anschliessen von externen Geräten lässt sich unter

Windows Taste > Einstellungen > Geräte > Automatische Wiedergabe

konfigurieren. Obwohl die Zeiten von *autorun* vorbei sind, empfehle ich Ihnen, die automatische Wiedergabe auf «Aus» zu stellen. Ist dies für Sie nicht praktikabel, passen Sie sie mit den weiteren Schaltern auf dieser Seite auf Ihre Bedürfnisse an.

4.6   Datenschutz

Die Datenschutzeinstellungen sind ein Teil der Sicherheitsmassnahmen. Wir dürfen sie nicht ignorieren. Im Vergleich zu seinen Vorgängern ist Windows 10 hier viel offener. Die meisten Einstellungen lassen sich konfigurieren, und dies nicht nur von Windows 10, sondern auch von den Programmen (Apps). Sie finden die Einstellungen unter

Windows Taste > Einstellungen > Datenschutz

Vor allem der Teil unter dem Thema «App-Berechtigungen» ist interessant. Es lässt sich hier festlegen, wer auf Ihre Daten zugreifen darf. Erinnern Sie sich an das Sextortion-Mail in der Einleitung zu diesem Buch. Obwohl es sich meistens nur um einen Fake handelt, ein Zugriff auf ihre Daten (sofern er nicht über die sozialen Medien erfolgte) müsste die Einstellungen Ihres Datenschutzes in Windows 10 überwinden. Es lohnt sich auf jeden Fall, die folgenden Punkte zu kontrollieren:

- Kamera
- Mikrophon
- Kontakte
- ....

Zögern Sie nicht, Programmen (Apps) die Sie weder kennen noch brauchen den Zugriff zu verweigern. Falls Sie später feststellen, dass etwas nicht mehr funktioniert, können Sie die Berechtigung jederzeit wieder erteilen.

4.7   System

4.7.1   Speicher

Im Sinne einer «Datenhygiene» sollten temporäre Dateien, für die es keine Verwendung mehr gibt, aus dem System gelöscht werden. Unter

Windows Taste > Einstellungen > System > Speicher

lassen sich durch anwählen des Symbols 🗑 bei «Temporäre Dateien» die zu löschenden Bereiche anzeigen. Die vorgegebene Auswahl müssen Sie nicht ändern. Durch Drücken des Knopfes «Dateien entfernen» werden die nicht mehr benötigten Dateien aus dem System entfernt.

Beachten Sie, dass der Speicherplatz zum Teil erst nach einem Neustart des Systems freigegeben wird.

Sind Sie nicht enttäuscht, falls nach einem Löschen (noch) nicht alles weg ist. Auch bei temporären Dateien gibt es solche, welche momentan noch gebraucht werden. Sie können aber sicher sein, dass bei einem regelmässigen Löschen der meiste Datenmüll entfernt wird.

4.7.2   Gemeinsame Gerätenutzung

Die Verbindung von Windows 10 mit Geräten in Ihrer Nähe lässt sich unter

Windows Taste > Einstellungen > System > Gemeinsame Nutzung

einschalten. Bei Nichtgebrauch dieser Funktion muss der Schalter aus Sicherheitsgründen auf «Aus» gestellt werden.

Sofern Sie die Funktion «Auf Geräten freigeben» nicht brauchen, schalten Sie sie ebenfalls aus.

4.8   Freigabe von Laufwerken

In Windows 10 lassen sich Laufwerke mit den darin enthaltenen Ordnern und Dateien für Netzwerke freigeben. Schliessen Sie vorgängig auch Ihr USB-Sicherungslaufwerk an. Kontrollieren Sie die Freigaben über

Windows Taste zusammen mit der R Taste drücken.

Danach im Fenster «Ausführen» den Befehl **fsmgmt.msc** eingeben und mit OK weiterfahren.

Nach der Anwahl von «Freigaben» auf der linken Seite erscheint eine Übersicht über die freigegebenen Laufwerke:

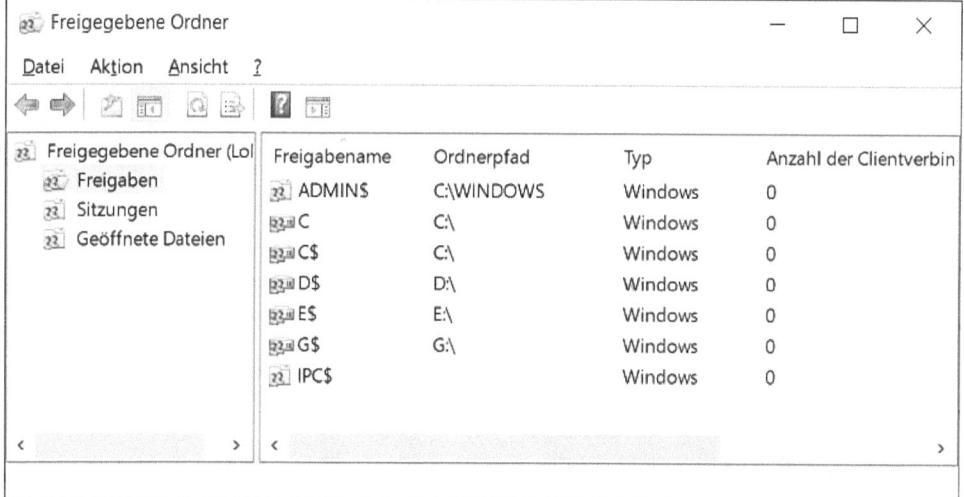

Abbildung 4-5 Freigabe von Ordnern

Die Freigabenamen mit einem $ Zeichen am Schluss sind administrative Freigaben. Sie sind notwendig für den Betrieb Ihres Windows 10.

Im Beispiel von vorhin können Sie über den Datei-Explorer ▣ das Laufwerk (C:) anwählen und mit der rechten Maustaste das Kontextmenü öffnen. Hier wählen Sie «Eigenschaften» an und danach die Registerkarte «Freigabe».

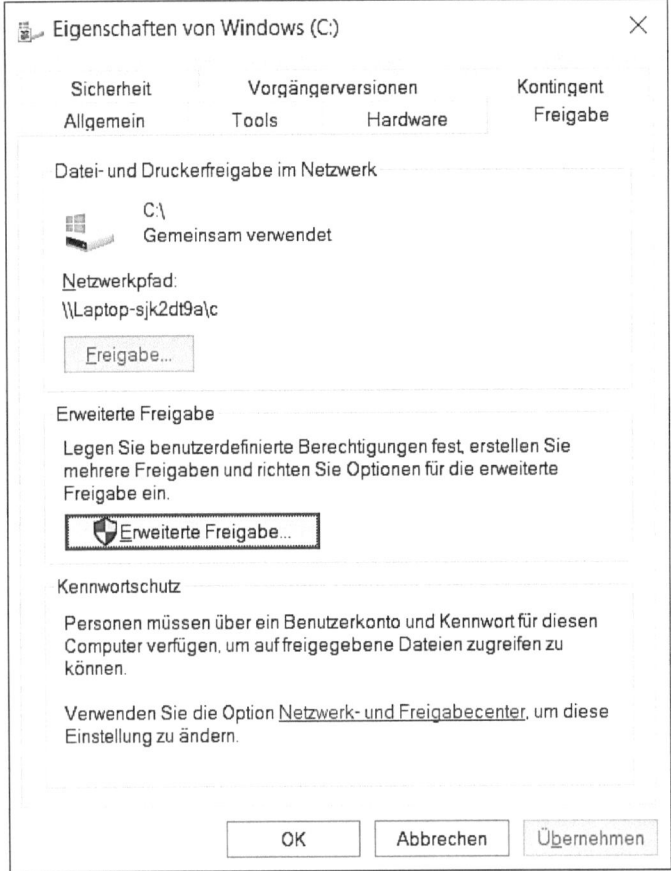

Abbildung 4-6 Eigenschaften eines Ordners

Die Laufwerke sollten «Nicht freigeben» sein, ausser Sie setzen sie in einem Netzwerk ein.

Ich empfehle Ihnen aus Sicherheitsgründen (Viren könnten sich ansonsten über Ihr Netzwerk verbreiten) Laufwerke nicht freizugeben. Über «Erweiterte Freigabe» lässt sich eine allfällige Freigabe zurücknehmen.

Falls Sie ein Heimnetzwerk betreiben, richten Sie es so ein, dass die Freigaben kennwortgeschützt sind. Über den Link «Netzwerk- und Freigabecenter» lässt sich dies einrichten.

5   Computerviren

Computerviren stellen eine permanente Bedrohung Ihrer IT-Infrastruktur dar. In den folgenden Kapiteln soll aufgezeigt werden, was ein Computervirus ist, welche Ziele er verfolgt und wie man ihn bei einer Infektion wieder loswird.

5.1   Was ist ein Computervirus

Ein Computervirus ist ein kleines Programm, welches sich in einem Computer selbst reproduzieren kann. Es kann Schäden anrichten, sofern es einen Schadcode beinhaltet. Da sich zu Beginn des PC-Zeitalters solche Schadprogramme epidemisch ausbreiteten, hat sich dafür der Begriff Computervirus eingebürgert. Heute sind solche Ausbreitungen zum Glück seltener geworden. Der Begriff Computervirus ist aber geblieben, obwohl wir sprachlich besser von Schadprogrammen (Englisch: Malware) sprechen sollten. Da der Begriff Virus aber weit verbreitet ist, verzichte ich auf den Begriff Schadsoftware, ausser dort, wo eine Abgrenzung notwendig ist.

In den meisten Staaten ist die Programmierung und Verbreitung von Schadsoftware strafbar. Was allerdings nicht für den Staat selber gilt. Geheimdienste oder Staatsschützer (allerdings nur bei richterlicher Erlaubnis) setzen hochspezialisierte Viren ein (sogenannte Staatstrojaner). Sie dienen je nachdem der Spionage oder der Aufklärung von kriminellen Aktivitäten.

In der Literatur finden sich Begriffe wie Würmer, Virus, Keylogger, Spyware, Trojaner, Rootkits, Ransomware, Makrovirus usw. für Schadsoftware. Diese Begriffe weisen auf technische Eigenschaften der Schadsoftware hin. Sie helfen uns nicht die Problematik der Schadsoftware zu verstehen, insbesondere da eine Zuordnung nicht immer eindeutig ist.

Wesentlich wichtiger für uns sind die Auswirkungen und Ziele von Viren. Dazu gehören die folgenden vier Ausrichtungen welche einzeln, aber auch in Kombination bei einem Angriff mit Schadsoftware vorkommen können:

- **Störung des PC-Betriebes**

Es öffnen sich unerwartet Fenster mit speziellen Nachrichten oder es ertönen irgendwelche Klänge aus dem Lautsprecher. Der Betrieb Ihres PC wird massiv gestört. Es ist nicht zu erkennen, was für ein Ziel diese Viren verfolgen, ausser, dass ein gelangweilter Programmierer (Script Kiddies) sich auf eine spezielle Art bestätigen musste.

- **Löschen von Daten, stören von Internetzugriffen usw.**

Dies sind die Waffen des Cyberwars. Ziel ist es Länder, Organisationen, Konkurrenten, Privatpersonen usw. zu schädigen bzw. zu erpressen. Diese Viren tarnen sich. Entdeckt werden sie meistens nur über Schäden, die sie anrichten.

- **Verschlüsseln von Dateien oder Teilen des Betriebssystems**

Ziel ist eine persönliche Bereicherung durch eine Lösegeldforderung (Kennwort für die Entschlüsselung der Dateien). Das Bezahlen des Lösegeldes hat in Form von Bitcoins zu erfolgen. Eine Rückverfolgung auf die Täter ist somit unmöglich.

- **Ausspionieren von PC-Benutzern**

Ziel ist die Erfassung von Anmeldinformationen, Internetverhalten usw. von PC- Nutzern*innen, um sie selber zu nutzen oder zu verkaufen. Diese Viren tarnen sich und wollen auf keinen Fall entdeckt werden.

5.2 Hilfe, mein Windows 10 hat einen Virus eingefangen

Falls Sie einen Verdacht auf einen Virus haben oder sich eindeutige Symptome zeigen, führen Sie die folgenden Aktionen durch:

1. Ruhe bewahren!

2. Falls Sie mit einer automatischen Sicherung arbeiten, unterbrechen Sie sie sofort. Ihre Sicherung darf nicht infiziert werden!

    Windows Taste > Einstellungen > Update und Sicherheit > Sicherung

    Schalten Sie die automatische Dateiensicherung aus.

    Trennen Sie das Sicherungslaufwerk vom PC.

3. Schliessen Sie alle aktiven Programme.

4. Falls es eine Lösegeldforderung gibt, zahlen Sie auf keinen Fall (www.melani.ch, 2019).

5. Folgen Sie den Anweisungen in den nächsten Kapiteln.

5.3 Virenbereinigung mit dem Antivirenprogramm

Führen Sie die folgenden Schritte durch:

1. Antivirenprogramm öffnen und aktualisieren.

2. Den Viren-Scan starten. Wählen Sie die stärkste und umfangreichste Scan-Stufe. Während dem Scan nicht mit dem Windows 10 arbeiten. Eventuell

müssen Sie den Scan mehrfach durchführen, bis ein Durchgang ohne gemeldete Virenbereinigung beendet wird.

3. Schliessen Sie das Sicherungslaufwerk am PC an und scannen Sie es mit dem Antivirenprogramm, bis auch hier keine Viren mehr gefunden wurden.

4. Ihr Windows 10 sollte wieder virenfrei sein. Falls nicht, gehen Sie zum nächsten Kapitel.

5.4   Virenbereinigung mittels Systemwiederherstellung

Falls das Antivirenprogramm den Virus nicht beseitigen kann, müssen Sie das System wiederherstellen. Nutzen Sie dazu die im Kapitel «System wiederherstellen» beschriebenen Möglichkeiten. Wählen Sie den Systemwiederherstellungspunkt aus, welcher vor dem Datum der Vireninfektion liegt. Damit setzen Sie Ihr Windows 10 auf den Zeitpunkt der ausgewählten Systemwiederherstellung zurück. Nach der Wiederherstellung sollte der Virus verschwunden sein.

6 Antivirenprogramme

Antivirenprogramme bilden einen wichtigen Teil des Immunsystems eines Computers. In den folgenden Kapiteln werden neben Ihren Aufgaben auch Kriterien für die Wahl eines für Sie optimalen Antivirenprogramms aufgezeigt.

6.1 Aufgaben

Die gebräuchlichsten Antivirenprogramme verfügen über ein Dateiscanner, um Viren aufzuspüren (Wikipedia, Antivirenprogramme, 2019). Der Dateiscanner läuft im Hintergrund und wird automatisch vom Antivirenprogramm gestartet. Er durchsucht Ihre Dateien nach Bitmustern (Signaturen), welche bekannte Viren aufweisen. Somit hinken die Dateiscanner immer den Viren hinterher. Ein Virus muss zuerst erkannt und seine Signatur in der Datenbank des Herstellers der Antivirensoftware erfasst werden. Erst danach ist eine Verteilung an die lokalen Virenscanner möglich. Dazu kommt, dass Viren sich tarnen und mutieren, um nicht erkannt zu werden. Die Virenscanner haben wahrlich eine sehr anspruchsvolle Aufgabe zu lösen. Sie dürfen auch nicht zu viel Rechenzeit verbrauchen, wir wollen ja während dem Scanvorgang möglichst ungestört weiterarbeiten.

Als ich mit meinen Informatiklernenden das Programmieren übte, gab es des Öfteren Virenalarm. Wir waren weit davon entfernt, Viren zu programmieren. Zufällig enthielten unsere Programme Bitmuster, welche einem Virus entsprachen. Ein Virenscanner muss somit nicht nur Viren finden, er sollte auch möglichst wenig Fehlalarme produzieren.

Einige Antivirenprogramme arbeiten auch mit heuristischen Methoden. Sie versuchen mit begrenztem Wissen (unvollständigen Informationen) und wenig Zeit dennoch zu wahrscheinlichen Aussagen über einen Virenbefall zu kommen.

Antivirenprogramme verfügen noch über diverse weitere Funktionen. Dazu gehören Zusätze für die Internet Browser und die E-Mail-Programme (Add-Ins), Kinderschutz,

Firewall, entfernen von Cookies usw. Interessant ist für uns der Firewall. Im nächsten Kapitel werden wir ihn genauer anschauen.

6.2   Personal Firewall

Ihr PC verfügt über eine IP-Adresse (Internetprotokoll). In Ihrem lokalen Netz könnte sie so lauten: 192.168.0.17. Über diese Adresse kommuniziert Ihr PC mit dem Internet. Da in Ihrem PC mehrere Anwendungen (Apps) gleichzeitig aktiv sind, müssen die Datenpakete wissen, zu welchem Programm (App) sie gehören. Dazu wird zur IP-Adresse noch eine Portnummer angefügt. (z.B. 192.168.0.17:54944). Somit können mehrere Anwendungen gleichzeitig über eine IP-Adresse mit einem Server im Internet kommunizieren.

Ihr PC lässt sich mit einem grossen Wohnblock (IP-Adresse) mit mehreren Wohnungen (Portnummern) vergleichen. Insgesamt gibt es über 65'000 Ports!

Der Wächter (oder Türsteher) dieser Ports ist der Personal Firewall. Er muss überwunden werden, um hinein- bzw. herauszukommen.

Der Hauptbestandteil einer Personal Firewall ist ein Paketfilter (Wikipedia, Personal Firewall, 2019). Dieser Paketfilter ermöglicht es, eingehende oder ausgehende Datenpakete nach vorgegebenen Regeln zu blockieren. Filterkriterien können Quell- und Zieladresse, Protokoll, sowie Quell- und Zielport sein.

Zusätzlich verfügen Personal Firewalls auch über Anwendungsfilter. Damit lassen sich kritische Anwendungen (Apps) gezielt von der Netzkommunikation ausschliessen.

Dazu kommen noch diverse weitere Techniken um Ihren PC zu schützen, welche aber von Produkt zu Produkt unterschiedlich sind.

Windows 10 bietet Ihnen einen Personal Firewall an. Falls Sie aber ein Antivirenprogramm mit einem Personal Firewall installieren, lässt der Windows 10 Firewall dem Antivirenprogramm den Vortritt.

6.3 Wahl des Antivirenprogramms

Von einigen Experten wird der Sinn von Antivirenprogrammen bezweifelt. Sie kritisieren, dass sie eine falsche Sicherheit bieten und nur der Geldbeschaffung der Anbieter dienen.

So wie die heutigen Antivirenprogramme arbeiten, sind solche Aussagen nicht ganz unbegründet. Sie bieten keinen vollständigen Schutz gegen Viren und selbst bei erkannten Viren sind sie öfters machtlos.

Trotzdem empfehle ich Ihnen unbedingt mit einem Antivirenprogramm zu arbeiten. Auch ein mangelhafter Schutz ist besser als kein Schutz. Die Hersteller von Antivirenprogrammen gehören zu den «Guten». Sie betreiben internationale Überwachungssysteme und bilden eine Gegenpartei zu all den dubiosen Produzenten von Computerviren. So gesehen lässt sich der jährliche Beitrag auch als Spende für ein funktionierendes Internet betrachten.

Es gibt einige, zum Teil verwirrende Aussagen über Antivirenprogramme. Hier eine Auswahl der wichtigsten mit den entsprechenden Antworten:

Aussage	Antwort
Antivirenprogramme, welche für Privat-kunden kostenlos sind, taugen nichts!	Die Aussage stimmt so nicht. Es gibt kostenlose Antivirenprogramme, welche bei Vergleichstests Spitzen-ränge erreichen. Gilt aber nicht für alle.
Ein Antivirenprogramm muss auch ei-nen Firewall enthalten!	Falls ein Antivirenprogramm über keinen Firewall verfügt, würde Windows 10 diese Aufgabe überneh-men.
Das Antivirenprogramm „Defender" von Windows 10 taugt nichts!	Diese Aussage stimmt heute nicht mehr.

Abbildung 6-1 Thesen zu Antivirenprogramme

Für Ihre Wahl eines Antivirenprogrammes orientieren Sie sich am besten an Tests im Internet. Welche Programme schneiden gut ab, welche weniger gut. Beachten Sie, dass ein Testsieger bei einem anderen Test nicht zwingend auch ein Sieger ist. Es kommt darauf an, wie getestet wird. Zudem kann bei gleichen Testbedingungen ein Jahr später ein anderes Programm obenauf schwingen. Installieren Sie das, was Ihnen am Ehesten zusagt.

7 Netzwerkrouter

Es gibt unzählige Hersteller von Netzwerkroutern. Nicht jedes Gerät kann hier einzeln beschrieben werden. Da sie grundsätzlich ähnlich funktionieren, finden Sie hier trotzdem alle wichtigen Informationen für den sicheren Betrieb Ihres Netzwerkrouters.

Netzwerkrouter übernehmen mehrere Funktionen (Zisler, 2012). Sie modulieren und demodulieren (MODEM) die digitalen Signale, damit sie sich über die Hauszuführung (normalerweise Kupferkabel) übertragen lassen. Für die Verteilung der Datenpakete an die richtigen Geräte verfügen sie über Routing- und Switch-Funktionen. Zudem sind sie mit einer Sende- und Empfangseinrichtung für das WLAN ausgestattet, verfügen über einen Firewall und einen Anschluss für ein Festnetztelefon. Netzwerkrouter sind wahre Alleskönner, welche irgendwo in einer Ecke des Wohnzimmers, umgeben von einem Kabelsalat, ihr Dasein fristen.

Je nach Netzwerkprovider wird Ihnen der Netzwerkrouter zur Verfügung gestellt, oder Sie müssen ihn selber im Fachhandel besorgen.

In den folgenden Kapiteln möchte ich Sie auf die wesentlichen Sicherheitsmassnahmen bei den Netzwerkroutern hinweisen.

7.1 Konfigurationsdaten

Selbst besorgte Netzwerkrouter sind mit einem Standardkennwort vorkonfiguriert. Dieses **Kennwort** müssen Sie unbedingt nach den bereits besprochenen Kennwortregeln **ändern**, ansonsten kann Ihr Netzwerkrouter jederzeit von Hackern genutzt werden. Konsultieren Sie dazu das Handbuch oder falls Sie es nicht mehr besitzen, suchen Sie es im Internet über die Typenbezeichnung des Netzwerkrouters.

Bei dem vom Provider zur Verfügung gestellten Netzwerkrouter erfolgt die Konfiguration meistens über eine Administrationsseite des Providers. Auch hier gilt es ein sicheres Kennwort zu verwenden.

7.2 WLAN-Verschlüsselung

Der WLAN Verkehr muss verschlüsselt sein. Wählen Sie dazu die Verschlüsselungstechnik WPA2 (Selby & Vescent, 2018) oder eine noch stärkere Verschlüsselung.

Ändern Sie den Namen der Netzwerkkennung (SSID) so ab, dass Sie ihn im Vergleich mit anderen Netzwerken leicht wiedererkennen. Er sollte aber keine Rückschlüsse auf Ihre Person oder Adresse ermöglichen.

Setzen Sie den Netzwerkschlüssel (Kennwort) nach den Regeln wie im Kapitel «Kennwörter» besprochen.

Falls Ihr WLAN-Router regelmässig seine Netzwerkkennung (SSID) aussendet, muss dies unterdrückt werden. Stellen Sie dazu die Option «Broadcast SSID» auf «Nein». (www.melani.ch, 2019).

7.3 Update der Firmware

Die Netzwerkrouter verfügen über ein eigenes Programm, die sogenannte Firmware. Sie können davon ausgehen, dass Ihr Netzwerkprovider die Firmware falls notwendig aufdatiert. Bei Unklarheit erkundigen Sie sich beim Provider.

Falls Sie Ihren Netzwerkrouter selber besorgt haben, müssen Sie sich um das Update der Firmware selber kümmern. Konsultieren Sie dazu das Handbuch.

7.4 Firewall

Die Netzwerkrouter verfügen auch über einen Firewall mit ähnlichen Funktionen wie die Antivirenprogramme (Personal Firewall) direkt im PC (Siehe dazu Kapitel «Personal Firewall»). Sie gewähren aber nur Schutz, wenn unser PC am Heimnetzwerk angeschlossen ist. Im Vergleich zum Personal Firewall bietet er uns unterwegs keine Sicherheit, da wir nicht mehr in «seinem» Netzwerk sind. Zudem verfügen die Personal Firewalls in den PCs auch über die Möglichkeit auf Anwendungsebene zu schützen, was für einen Firewall im Netzwerkrouter nicht einfach möglich ist.

Fazit daraus:

Sie können mit der Standardkonfiguration des Firewalls im Netzwerkrouter arbeiten und müssen keine Änderungen daran vornehmen. Insbesondere dürfen Sie keine Netzwerkports willkürlich und unüberlegt öffnen oder schliessen.

8   Internetbrowser

Internetbrowser sind unser Zugang zu Webseiten im Internet. Sie stellen nach einer Abfrage den erhaltenen HTML-, PDF-, oder XML- Code in einer für uns sichtbaren Form dar. In den folgenden Kapiteln beschränken wir uns auf die drei für uns wichtigsten Internetbrowser:

- Edge von Microsoft
- Firefox von Mozilla
- Chrome von Google

Der Internet Explorer von Microsoft sowie der Safari von Apple werden nicht mehr weiterentwickelt. Ich empfehle Ihnen, sie für Windows 10 nicht mehr zu verwenden.

Um zu den Einstellungen oder Betriebsarten in den Browsern zu gelangen, müssen wir das Konfigurationsmenü öffnen. Das Menü wird durch 3 senkrechte Punkte oder durch 3 waagrechte Striche oben rechts dargestellt.

8.1   Privates Browsen

Die Internetbrowser bieten die Möglichkeit, in einem privaten Modus zu browsen. Dadurch werden spätesten nach dem Schliessen des Browsers die meisten Spuren auf dem PC gelöscht. Arbeiten Sie wenn möglich immer in diesem Modus.

Nach aussen sind Sie aber genauso sicht- und verfolgbar wie im normalen Betrieb.

Der private Modus lässt sich über das Menü oben rechts anwählen. Je nach Browser wird er anders bezeichnet:

Firefox: Privates Fenster

Chrome: Inkognito Fenster

Edge: InPrivate Fenster

8.2   Browser Extensions

Die Funktionalität der Browser lässt sich durch eingebundene Zusatzprogramme (Plug-Ins, Extensions usw.) erweitern. Eine interessante Sache. Allerdings verlangsamen solche Zusätze den Browser und stellen ein Sicherheitsrisiko dar.

Eingebundene Zusatzprogramme finden Sie bei den Browsern unter folgendem Menü:

Firefox:

Menü (3 waagrechte Striche oben rechts) **> Add-ons > Erweiterungen / Plugins**

Chrome:

Menü (3 senkrechte Punkte oben rechts) **> Weitere Tools > Erweiterungen**

Edge:

Menü (3 waagrechte Punkte oben rechts) **> Erweiterungen** (installierte Erweiterungen werden über den **Vorgeschlagenen** aufgelistet)

Kontrollieren Sie die Zusatzprogramme. Zögern Sie nicht, unbenutzte oder unbekannte Programme zu entfernen.

8.3 Gespeicherte Kennwörter

Gespeicherte Kennwörter sind praktisch, stellen aber ein Sicherheitsrisiko dar. So unterlaufen sie den Schutz einer Zwei-Faktor-Authentifizierung. Gespeicherte Kennwörter finden Sie unter den folgenden Menüs:

Firefox:

Menü (3 waagrechte Striche oben rechts) **> Zugangsdaten und Passwörter**

Chrome:

Menü (3 senkrechte Punkte oben rechts) **> Einstellungen > Autofill > Passwörter**

Edge:

Menü (3 waagrechte Punkte oben rechts) **> Einstellungen > Kennwörter & AutoAusfüllen** (Symbol 🔑) **> Kennwörter verwalten**

Auf keinen Fall dürfen Kennwörter für E-Banking, Zugriffe auf Geschäftskonten oder auf andere heikle Daten gespeichert werden. Entfernen Sie solche Kennwörter sofort aus der Liste der gespeicherten Kennwörter! Falls Sie dadurch das Kennwort verlieren, fordern Sie ein neues an.

8.4   Datenschutz und Sicherheit

Im Vergleich zu früheren Generationen von Internetbrowsern bieten die heutigen Versionen wesentlich mehr Möglichkeiten btr. Datenschutz und Sicherheit. Sie finden die dafür freigegebenen Einstellungen unter:

Firefox:

Menü (3 waagrechte Striche oben rechts) **> Einstellungen > Datenschutz & Sicherheit**

Chrome:

Menü (3 senkrechte Punkte oben rechts) **> Einstellungen > Erweitert > Datenschutz und Sicherheit**

Edge:

Menü (3 waagrechte Punkte oben rechts) **> Einstellungen > Datenschutz und Sicherheit** (Symbol 🔒)

Kontrollieren Sie die Einstellungen. Vieles lässt sich freigeben oder unterdrücken. Hier lassen sich auch der Browserverlauf und die Cookies löschen. Cookies (engl. für Kekse) sind kleine Dateien, welche beim Zugriff auf Internetseiten lokal auf Ihrem PC gespeichert werden. Dies könnten Session IDs (zur Identifizierung eines Internetnutzers), Warenkörbe fürs E-Shopping oder WEB-Tracking Infos sein. Das WEB-Tracking (d.h. das Sammeln vom Surfverhalten eines Internetnutzers) ist umstritten. Internetseiten haben die Nutzer über die Verwendung von Cookies fürs WEB-Tracking zu informieren.

Hier eine Auswahl der wichtigsten Einstellungen bzw. Aktivitäten:

- Löschen des Browserverlaufs
- Löschen von Cookies
- Popups blockieren
- «Do Not Track» Anforderungen senden. D.h. die besuchten Webseiten können Ihrem Wunsch nachkommen und Ihr Surfverhalten nicht aufzeichnen, sie müssen es aber nicht.
- Zugriffe auf Kameras, Mikrophon usw.
- ....

8.5   Browser aktualisieren

Wie bei Windows 10 muss auch bei den Internetbrowsern gewährleistet sein, dass sie immer auf dem neusten Stand sind. Beim Edge Browser erfolgt dies automatisch mit den Windows 10 Updates. Bei den anderen Browsern werden Sie beim Aufruf gewarnt, falls der Browser aufdatiert werden muss. Führen Sie immer zuerst das Aufdatieren durch, bevor Sie im Internet herumsurfen.

9 Verschlüsselung

Verschlüsseln von Daten gibt es schon seit dem Altertum (Wikipedia, 2019). Die Gründe waren schon damals die gleichen wie heute. Man will auserwählten Personen oder nur sich selber Zugriff zu Informationen bzw. Daten geben. In den folgenden Kapiteln soll aufgezeigt werden, wie sich Daten in Windows 10 verschlüsseln lassen und wieso das Windows Kennwort nur einen bedingten Schutz vor einem unerlaubten Zugriff bietet.

9.1 Wie sicher ist das Kennwort von Windows 10

Das Windows 10 Kennwort lässt sich mit Hilfe einer Windows 10 Installationsdisk oder mit einem Wiederherstellungslaufwerk (siehe Kapitel «Erstellen eines Systemwiederherstellungslaufwerk») rücksetzen. Ändern Sie dazu die Bootreihenfolge wie im Kapitel «System wiederherstellen, 3. Möglichkeit» beschrieben und starten Sie ab dem Installationsmedium. Installieren oder wiederherstellen Sie jetzt aber kein Windows 10, sondern wählen Sie die Option Eingabeaufforderung. Wie die Kennwortänderung nun genau abläuft finden Sie unter (Deskmodder.de, 2019).

Konsultieren Sie einen Fachmann, falls für Sie das Vorgehen zu kompliziert ist. Er wird es gerne für Sie erledigen.

Diese Möglichkeit der Kennwortänderung wird von gewissen Experten als Sicherheitslücke bezeichnet. Dies ist übertrieben, da eine Änderung des Kennwortes nur möglich ist, falls der PC direkt vor Ihnen liegt. Somit ist dies vergleichbar mit dem Ausbau des Speichermediums und dessen Einbau in einen anderen Computer, umso zu den Daten zu gelangen.

Für einen richtigen Schutz müssten die Daten auf dem Speichermedium verschlüsselt sein. Mit einer Kennwortänderung oder dem Ausbau des Speichermediums wäre dann nichts mit dem Daten stehlen.

Im folgenden Kapitel zeige ich Ihnen, wie das Datenverschlüsseln funktioniert und wie Sie so zu mehr Datenschutz kommen.

9.2 Dateien verschlüsseln mit VeraCrypt

VeraCrypt ist ein Verschlüsselungsprogramm, welches eine kostenlose Nutzung ermöglicht. Falls Sie mit Windows 10 Pro arbeiten, steht Ihnen anstelle von VeraCrypt auch der Bitlocker zur Verfügung. Die Abbildung 9-1 zeigt auf, wo sich VeraCrypt beziehen lässt.

Abbildung 9-1 Programm für Verschlüsselung

Übrigens:

Auf der Internetseite von VeraCrypt gibt es die Möglichkeit, den Autoren für ihre Arbeit etwas zu spenden. Wieso auch nicht!

Am einfachsten lernen Sie VeraCrypt über

Hilfe > Anleitung für Anfänger

kennen. Die Anleitung beschreibt Schritt für Schritt, wie Sie zu einem sicheren Datenbereich kommen.

Beachten Sie folgendes beim Einsatz von verschlüsselten Daten:

- Merken Sie sich das Kennwort. Falls Sie es nicht mehr kennen, sind die Daten verloren.

- Verschlüsseln Sie nicht ein ganzes Laufwerk. Meistens reicht es, einen Container mit einer bestimmten Grösse einzurichten und darin heikle Daten abzulegen.

  Vergleichbar ist das mit Ihrer Wohnung. Sie bauen ja auch keinen Tresor darum herum, sondern platzieren Ihren Tresor an geeigneter Stelle in der Wohnung.

- Sinnvoll ist es USB-Sticks und/oder externe Laufwerke zu verschlüsseln. Sie gehen leicht verloren und können so in falsche Hände geraten. Allerdings muss vorausgesetzt werden, dass auf allen PCs, mit denen Sie arbeiten, ein VeraCrypt installiert ist.

10 Sicher unterwegs im Internet

Neben all den schönen Seiten des Internet mit E-Mails, E-Shopping, E-Banking usw. hat das Internet auch eine dunkle Seite. Hacker, Erpresser, Spione und Betrüger versuchen Ihnen Geld abzuluchsen, Daten zu stehlen oder Sie auf irgendeine Art zu schädigen. Damit das nicht so weit kommt, müssen Sie gewisse Sicherheitsmassnamen ergreifen. In den folgenden Kapiteln werden Ihnen Ihre «Abwehrwaffen» vorgestellt. Nutzen Sie sie!

10.1 E-Mail

E-Mails gehören zu den ältesten Anwendungen des Internets. Ihre Anwendung ist weit verbreitet und man kann sich heute eine Kommunikationsgesellschaft ohne E-Mail nicht mehr vorstellen. Aufgrund ihrer Technik lassen sich E-Mails einfach missbrauchen. Im folgenden Kapitel werden die Techniken kurz vorgestellt.

10.1.1 Eigenschaften von E-Mails

E-Mails werden im Klartext übertragen. Es gibt zwar die Möglichkeit E-Mails zu verschlüsseln, dann müssen aber Sender und Empfänger über diese Technik verfügen (Ende-zu-Ende Verschlüsselung). Somit lassen sich E-Mails am ehesten mit Postkarten vergleichen, welche innerhalb des Transportweges von jedermann gelesen werden können. Daraus ergeben sich die folgenden Vorsichtsmassnahmen:

- Informationen, welche dem Datenschutz unterstellt sind, dürfen nicht per E-Mail verschickt werden. Dies betrifft vor allem staatliche Institutionen.

- Dasselbe gilt für vertrauliche Informationen beim Austausch unter Firmen und/oder privaten Personen.

10.1.2 Missbrauch von E-Mails

Im Zusammenhang mit E-Mails gibt es mehrere Spezialbegriffe. Die hier beschriebenen thematisieren einen mehrheitlich missbräuchlichen Einsatz von E-Mails.

Mail-Spoofing

Da die E-Mail Server sich so konfigurieren lassen, dass sie den Absender nicht überprüfen, lässt sich eine beliebige Absenderadresse (auch eine ungültige) angeben. Als Empfänger können Sie somit nie sicher sein, dass der angegebene Absender korrekt ist. Das Vortäuschen einer falschen Identität nennt sich Spoofing.

Spam

Darunter versteht man unerwünschte E-Mails , meistens mit irgendwelchen Werbe-
botschaften. Die Internet Provider verfügen über Listen von Servern, welche Spam-
Mails verschicken. E-Mails, welche über diese Server versandt werden, werden als
Spam-Mail gekennzeichnet. Zudem gibt es auch Techniken, Spams zu erkennen. Allerdings funktioniert das nicht perfekt. Es kann durchaus sein, dass ein für Sie wichtiges E-Mail im Spam-Filter landet. Es bleibt Ihnen somit nichts anders übrig, als ab
und zu im Spam Ordner, sei es lokal in Ihrem E-Mail-Programm oder beim Internet
Provider nachzuschauen, ob sich im Spam Ordner etwas Wichtiges befindet.

Phishing

Der Begriff ist ein englisches Kunstwort, das sich aus password harvesting (Kenn-
worte sammeln) und fishing (Angeln, Fischen) zusammensetzt und bildlich das Angeln nach Kennwörtern verdeutlicht.

Der Empfänger wird aufgefordert, eine Webseite anzuwählen und darin vertrauliche
Informationen, wie Kennwörter usw. anzugeben.

trojanisches Pferd

Ein Programm, welches für Sie nützliche Funktionen anbietet, im Hintergrund aber
Daten sammelt und heimlich an einen Auftraggeber weiterleitet, nennt sich trojanisches Pferd.

Bot bzw. Bot-Netze

Ein Bot ist ein fernsteuerbares Programm in einem ungenügend gesicherten Computer. Mehrere solcher Computer bilden ein Bot-Netz. Zentral werden diese Bots aufgefordert, unablässig WEB-Anfragen an einen WEB-Dienst (z.B. E-Mail Server) zu senden. Dadurch wird er überlastet und ist für andere Anwendungen nicht mehr erreichbar. Dies wird als Distributed-Denial-of-Service (DDoS) Attacke bezeichnet.

Tracking

Von Netzwerkprovidern werden kleinste Grafikinformationen (meistens nur 1 Pixel) in das E-Mail eingefügt. Sie sind von blossem Auge nicht sichtbar. Damit lassen sich Informationen sammeln über das Verhalten der E-Mail-Benutzer. Die E-Mail-Clients (z.B. Outlook) lassen sich so einstellen, dass eingebettete Grafiken (und somit auch die Trackingpixel) manuell nachgeladen werden müssen.

Z.B bei Outlook 2019 kann dies wie folgt eingestellt werden

Datei > Optionen > Trust Center > Einstellungen für das Trust Center > Automatischer Download

Hier lässt sich ein Häklein setzen, damit Bilder nicht automatisch heruntergeladen werden und so das Tracking verhindert werden kann.

CEO Fraud

E-Mail, welches Mitarbeiter*innen einer Firma auffordert, Geld auf ein Konto zu überweisen oder Gutschriftskarten (z.B. von Google) zu erwerben. Als Absender wird eine gefälschte E-Mail-Adresse eines Kadermitgliedes der Firma verwendet.

10.1.3 Erkennen von Phishing, trojanischen Pferden usw.

Eine der wichtigsten Vorsichtsmassnahmen, um Missbrauch von E-Mails zu verhindern ist, sich einer Gefahr bewusst zu sein.

Falls Sie bei einem E-Mail unsicher sind, lässt sich die Internetkopfzeile kontrollieren.

Z.B bei Outlook öffnen Sie das E-Mail und unter

Datei > Eigenschaften > Internetkopfzeile

finden Sie diverse Informationen (leider nicht einfach zu lesen) über den Empfänger, Absender, Versandart usw. Besonders interessant ist die Markierung Received. Sie zeigt den Weg auf, welche das E-Mail durchlaufen hat. Allerdings ist der Header nicht fälschungssicher. Weiter Informationen dazu finden Sie unter

(Wikipedia, E-Mail Headerinformationen, 2019)

Tipp: Markieren Sie die Informationen im Feld Internetkopfzeile und drücken danach die STRG + c (oder ctrl + c) Taste, um Sie zu kopieren. Öffnen Sie Notepad oder Word und fügen Sie die gesamte Kopfzeile darin ein. Jetzt kann sie wesentlich einfacher gelesen werden.

Eine andere Möglichkeit Gefahren zu erkennen ist, den Inhalt eines E-Mails auf die typischen Elemente eines Angriffes zu überprüfen. Folgende Aussagen und Eigenheiten einer E-Mail sind typisch für einen Angriff:

Überraschung: Sie haben 10'000 $ gewonnen. Folgen Sie dem Link, damit wir Ihnen das Geld auszahlen können.

Dramatik: Ihr Sohn hat einen Unfall gehabt. Er liegt im Spital. Weitere Informationen finden Sie im Anhang.

Drohung: Ihr Bankkonto wurde gehackt. Folgen Sie dem Link und geben Sie Ihre Kontaktdaten neu ein, ansonsten müssen wir Ihr Konto schliessen.

Forderung: Überweisen Sie uns den Betrag auf das Konto IBAN ......

Dringlichkeit: Bitte klicken Sie sofort auf diesen Link, ansonsten wir Ihren Zugriff schliessen müssen!

Sprache: Das Deutsch kann mangelhaft sein, muss aber nicht.

Absender: Ein «abenteuerlicher» Name wie pdchontali@diresacajamarca.gob.pe weist auf ein potentiell gefährliches E-Mail hin. Hingegen ist nicht jedes E-Mail mit einem «vernünftigen» Namen harmlos.

Da einzelne Aussagen und Eigenheiten auch in E-Mails vorkommen, welche keine bösen Absichten beinhalten, hier ein paar Beispiele zum besseren Verständnis:

Beispiel 1

Ein Verkäufer der Firma A ist in Fernost tätig. Er postet dies über die sozialen Medien. Betrüger erfahren davon und schicken der Buchhalterin der Firma A eine gefälschte Zahlungsanweisung mit folgendem Inhalt:

Liebe Petra

Ich bin an einer grossen Sache. Für den Vertragsabschluss brauche ich die Hilfe eines Notars. Er will aber einen Vorschuss von $ 1000 auf das Konto IBAN ....

Könntest du dies umgehen veranlassen.

Herzlichen Dank

Peter Muster

Durch Industriespionage konnten die Betrüger den Namen und die E-Mail-Adresse der Buchhalterin ausfindig machen und verwendeten einen Server, welcher keine Überprüfung des Absenders durchführt, da sie die E-Mail-Adresse des Verkäufers als Absender nutzten.

Die Buchhalterin hatte aber realisiert, dass die Elemente «Überraschung» und «Forderung» auf einen Betrugsversuch hinweisen könnten und kontaktierte den Verkäufer telefonisch. Der Versuch $ 1000 zu ergaunern, scheiterte.

Beispiel 2

Sie erhalten folgendes E-Mail:

Lieber Paul

Könntest du mir deinen Anteil unseres gestrigen Ausfluges von CHF 120.- auf das Konto IBAN …. überweisen.

Herzlichen Dank

Peter Muster

Da der Ausflug tatsächlich stattfand und die Überweisung abgemacht wurde, gibt es kein Überraschungsmoment und die Forderung kann beglichen werden.

Beispiel 3

Von «Ihrem Netzwerkprovider» erhalten Sie folgendes Mail:

Sehr geehrter Kunde

Durch Anwahl des unten aufgeführten Links können Sie eine verbesserte Software installieren. Sie erhalten dadurch eine bessere Kontrolle des Datenverkehrs!

Freundliche Grüsse

Ihr Netzwerkprovider

Das Mail überrascht Sie, zudem enthält es eine Aufforderung ein Programm zu installieren. Hier sind weitere Abklärungen nötig, ansonsten besteht die Gefahr, dass Sie ein trojanisches Pferd installieren.

Beispiel 4

Sie erhalten das folgende Mail:

Sehr geehrter Kunde

Ändern Sie Ihr Kennwort über den folgenden Link:

Freundliche Grüsse

Ihr Supportteam

Da Sie eine Passwortänderung beantragt haben, überrascht Sie dieses Mail nicht. Sie können dem Link folgen und das Passwort ändern.

Wie Sie aus diesen Beispielen entnehmen, lohnt es sich kritisch zu sein. Nicht jede Aufforderung aus dem Internet muss blindlings umgesetzt werden. Nachfragen kann sich lohnen.

10.1.4 Verhindern von Phishing, trojanischen Pferden usw.

Um von Phishing, trojanischen Pferden, Betrugsversuchen usw. verschont zu bleiben, empfehle ich Ihnen, sich an die folgenden Regeln zu halten:

- Spam oder E-Mails mit unbekanntem Absender nie beantworten. Spams werden teilweise durch E-Mail-Generatoren erzeugt, welche Mails mit beliebigen Namenskombinationen versenden. Erhält nun der E-Mail-Absender eine Rückantwort, gibt ihm das den gewünschten Hinweis, dass die Adresse gebraucht wird!

- Grafiken in Spams oder E-Mails mit unbekanntem Absender nie herunterladen. Dies verhindert unnötige Tracking-Informationen.

- Vorsicht mit Anhängen von E-Mails. **Nie Anhänge von unbekannten Absendern oder verdächtigem Inhalt öffnen**. Kontrollieren Sie die Dateiendungen. Öffnen Sie keine Dateien, deren Dateiendungen auf ein Programm hinweisen (Siehe dazu das Kapitel «Dateinamenerweiterung»). Falls es sich um Microsoft Office Dateien handelt, aktivieren Sie die Datei erst, nachdem Sie sie sich vergewissert haben, dass der Inhalt für Sie relevant ist (Siehe dazu das Kapitel «Dateien von Microsoft Office»).

- Seien Sie vorsichtig im Umgang mit Sozialen Medien. Nehmen Sie Freundschaftsanfragen von Personen aus Ländern mit einem schwachen Rechtssystem nur an, falls Sie die Person kennen.

- Schränken Sie die Sichtbarkeit Ihrer E-Mail-Adresse in den sozialen Medien ein. Sie sollte nur für Ihre Freunde*innen (bzw. Kontakte) lesbar sein.

10.2 E-Banking

E-Banking gehört zu den beliebtesten Anwendungen im Internet. Es würde uns empfindlich treffen, falls uns hier Geld gestohlen würde. Damit dies nicht passiert, unternehmen die Banken einiges, um ihre Anwendung zu schützen. Aber auch wir sind gefordert, die nötige Sorgfalt zu wahren. Mit den folgenden Punkten möchte ich Sie für einige Vorsichtsmassnahmen sensibilisieren.

- Kontrollieren Sie sowohl bei der Anmeldung als auch innerhalb des E-Banking, dass Sie mit einer sicheren Verbindung arbeiten. Dazu hat die Verbindung über https (verschlüsselter Datenverkehr) als auch über ein gültiges Zertifikat zu erfolgen.

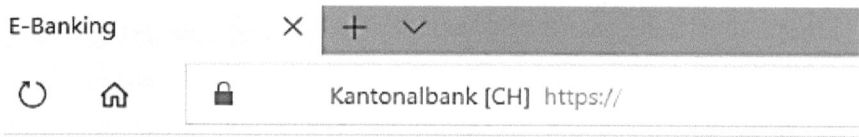

Abbildung 10-1 Browser mit Zertifikatsanzeige und https://

Das Zertifikat wird durch ein Symbol ganz links in der Adresszeile des Browsers dargestellt. Meistens ist es ein Schloss, ein Schild oder ein ähnliches Sicherheitssymbol. Das Zertifikat gibt Ihnen die Sicherheit, mit der gewünschten Bank verbunden zu sein. Auf keinen Fall sollte hier ein Hinweis in der Form «keine sichere Verbindung» stehen. Kontaktieren Sie Ihre Bank, falls Sie Meldungen über eine nicht sichere Verbindung erhalten.

- Die meisten E-Banking Anwendungen verfügen über ein integriertes E-Mail-System. Nutzen Sie diese Möglichkeit um mit Ihrer Bank zu kommunizieren. Eine Kommunikation mit einem E-Mail-System ausserhalb des E-Banking ist nicht sicher, da hier keine Verschlüsselung erfolgt.

- Melden Sie sich immer vom E-Banking in dem dafür vorgesehenen Menü ab. Nur so wird Ihre Session sofort beendet und der Cache geleert. Schliessen Sie nicht einfach den Browser, eine Beendigung der Session wird dadurch verzögert. Dies könnte ein Angriff auf Ihr E-Banking ermöglichen.

- Benutzen Sie keine fremden Computer für Ihr E-Banking. Idealerweise benutzen Sie einen Computer, der nur für E-Banking gebraucht wird. Dies könnte auch ein älteres Modell sein.

Vorsicht:

Falls Sie das Gerät nur ab und zu einschalten, müssen zuerst das Betriebssystem und das Antivirenprogramm aufdatiert werden!

- Um nicht von einem ungewohnten Verhalten des E-Banking abgelenkt zu werden, sollten keine anderen WEB-Seiten offen und das E-Mail nicht aktiv sein.

- Das Authentifizierungsverfahren sowie die Datenverschlüsselung können als sicher betrachtet werden. Die Banken würden ansonsten nachrüsten. Somit gibt es nur eine Gefahr. Ein allfälliger Angreifer könnte probieren Sie auszutricksen oder zu täuschen, also seien sie vorsichtig.

- Seien Sie misstrauisch, falls Sie während der E-Banking Session etwas Ungewöhnliches entdecken, beispielsweise die Aufforderung ein App herunterzuladen, eine Meldung sich erneut einzuloggen, eine Aufforderung ein E-Mail zu lesen oder ein Hinweis, dass eine Zusatzsoftware installiert wird. In solchen Fällen müssen Sie die Session sofort beenden, den Computer herunterfahren und Ihre Bank telefonisch informieren (www.melani.ch).

- Falls eine Anmeldung nicht möglich ist, überprüfen Sie von wem die Meldung «Kein Zugriff aufs E-Banking» kommt. Kontrollieren Sie im Browser oben links, ob diese Meldung wirklich von Ihrer Bank kommt (Zertifikat und Adresse). Falls nicht, nehmen Sie sofort telefonisch Kontakt mit Ihrer Bank auf.

10.3 E-Shopping

Wir alle nutzen das E-Shopping und schätzen es. Einige von uns beinahe täglich. Die breite Datenspur, die wir hinterlassen, kümmert uns wenig. Dass dabei Shopping-Center eingehen und Läden schliessen müssen - nicht unser Problem.

Das Geschäftsmodell des E-Shopping basiert auf Vertrauen. Was wir bestellt und bereits bezahlt haben, wollen wir termingerecht, vollständig und unversehrt zu Hause auspacken. Umgekehrt erwartet ein Verkäufer, dass wir die Rechnung bis spätestens zum Fälligkeitstermin begleichen.

Für diese Art von Geschäften benötigt ein Verkäufer einiges an Daten vom Käufer. Dies ist durchaus legitim. Trotzdem sollten wir nicht unnötige Datenspuren hinterlassen.

Dazu die folgenden Hinweise bei der Bezahlung:

- Bietet der Verkäufer die Bezahlung per Rechnung an, nutzen Sie diese Form.
- Meistens wird für die Bezahlung eine Kreditkarte verlangt. Seien Sie vorsichtig bei der Frage, ob Sie die Kreditkartendaten abspeichern möchten. Natürlich ist es bequem, bei der nächsten Bestellung nicht wieder alles eintippen zu müssen, vor allem bei Kleinstbeträgen (z.B. beim öffentlichen Verkehr). Wägen Sie Vor- und Nachteil ab. Tendieren Sie eher dazu, Ihre Karteninformationen nicht abzuspeichern. Es wurde schon in Server eingebrochen und Kundeninformationen gestohlen. Auch ein IT-Mitarbeiter könnte Informationen herauskopieren, aus welchen Gründen auch immer.
- Sie können auch auf PayPal ausweichen. Der Verkäufer hat dann keinen Einblick in Ihre Kreditkarteninformationen. Zudem haben Sie die Möglichkeit das Geld zurückzufordern, falls die bestellte Ware nicht geliefert wird.

Auch wenn sich Datenspuren nicht verhindern lassen, sie sollten nicht negativ sein. Sie riskieren ansonsten vom E-Shopping ausgeschlossen zu werden. Beachten Sie somit folgendes:

- Bezahlen Sie die Rechnungen termingerecht.
- Übertreiben Sie es nicht mit dem Zurücksenden von Waren.

Vom SRF (SRF, 2019) gibt es noch weitere Empfehlungen zum E-Shopping:

- Ist das Angebot zu schön, um wahr zu sein? Billige Markenartikel sind ein Hinweis auf Betrüger.
- Was sagen Kundinnen und Kunden zum Shop? Eine einfache Google-Suche kann die Antwort liefern.
- Hat der Shop eine Postadresse und eine Telefonnummer?

- Welche Bedingungen bietet der Shop, zum Beispiel wenn ich meine Produkte zurückschicken möchte?
- Bei Anbietern im Ausland: Muss ich noch mit Zollgebühren rechnen? Liefert der Shop die notwendigen Dokumente für den Zoll?
- Bietet der Shop Vorauszahlung als einzige Möglichkeit? Das kann ein Hinweis auf Betrüger sein.
- Vor der Überweisung immer kontrollieren, ob die Adresse im Browser-Eingabefeld stimmt. Dazu auf das Schlösschen neben der Adresse klicken und überprüfen, ob die Adresse mit dem Zertifikat übereinstimmt.

10.4 Öffentliches WLAN

In Hotels, Cafés, öffentlichen Einrichtungen usw. wird Ihnen ein gratis WLAN angeboten. Sie können dies nutzen und sparen damit Datengebühren, die Ihnen ansonsten von Ihrem Mobile Provider verrechnet werden. Da ein anonymes Nutzen eines WLANs aus Missbrauchsgründen unerwünscht ist, müssen Sie sich bei den meisten Netzen registrieren. Die Registrierung erfolgt normalerweise mit Hilfe eines Mobiltelefons. Aber Achtung, die Nutzung eines öffentlichen WLAN gehört zu den gefährlichsten Internetverbindungen überhaupt. (Simplicissimus, 2018).

10.4.1 Eine (erfundene) Geschichte

Eine Startup Firma führt im Hotel Seebad ein Meeting durch. Die Geschäftsleitung und das Entwicklerteam wollen die Umsetzung einer interessanten Geschäftsidee besprechen. Man hat sich gut vorbereitet. Alle Daten liegen auf einer Cloud bereit und die Resultate werden auch darauf abgespeichert.

Die Teilnehmenden erhalten vom Hotel den Zugang zum WLAN (Login und Kennwort) und verbinden sich so mit der Cloud. Was sie nicht wissen, im Hotel logieren auch Datendiebe. Das WLAN ist zwar verschlüsselt, das Hotel gibt aber allen Gästen den gleichen Zugang zum WLAN. Die Datendiebe können nun problemlos den gesamten Netzwerkverkehr aufzeichnen. Falls sich ein Teilnehmer über http://, anstelle über den verschlüsselten Zugriff https:// in die Cloud einloggt, ist der Datenklau perfekt. Die Zugangsdaten zur Cloud sind direkt einsehbar.

Es ist noch ein weiteres Szenario denkbar. Die Teilnehmenden finden zwei Netzwerke Gaeste_Seebad und Seebad. Bei beiden ist eine Anmeldung nach Angaben des Hotels möglich. Dass sie leicht unterschiedlich sind, bemerkt niemand. Beim Frühstück klagen einige über ein langsames WLAN, die anderen finden es ganz ok. Was sie nicht wissen, Gaeste_Seebad wird von Datendieben aus einem Hotelzimmer heraus betrieben. Die Nutzer dieses Netzwerkes sind den Datendieben voll ausgeliefert.

Konsequenz dieser Geschichte. Ein solches Meeting sollte nur mit Hilfe eines verschlüsselten VPN (Virtuelles privates Netzwerk) durchgeführt werden.

10.4.2 Sicherheitsmassnahmen

Wie Sie aus der vorgehenden Geschichte entnehmen, ist bei öffentlichen Netzen einiges an Sicherheitsmassnahmen gefordert:

- Beim erstmaligen Anmelden an ein solches Netz stellt Ihnen Windows 10 die folgende Frage:

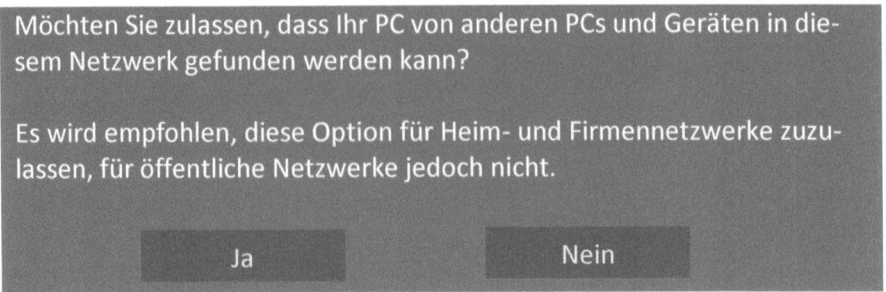

Abbildung 10-2 Sichtbarkeit im Netzwerk

Diese Frage müssen Sie zwingend mit **Nein** beantworten. Haben Sie bereits einmal mit diesem Netzwerk gearbeitet und es gespeichert, kommt diese Frage nicht mehr! Wählen Sie in diesem Fall das Netzwerk an, öffnen mit der rechten Maustaste das Kontextmenü und wählen Sie «Nicht speichern» an. Beim nächsten Verbindungsversuch müssen Sie das Kennwort eingeben und danach die Frage mit Nein beantworten.

- Seiten nur über https:// aufrufen.

- Sicherstellen, dass der Netzwerkname korrekt ist und Sie sich nicht in ein Fake-Netzwerk einloggen.

- Keine heiklen Seiten aufrufen (E-Banking usw.)

- Um ganz sicher zu sein, kein öffentliches WLAN nutzen.

10.5 Weitere Vorsichtsmassnahmen

Sie sind den Angriffen von aussen nicht schutzlos ausgeliefert. Beachten Sie aber die folgenden Hinweise. Auch wenn sie keinen hundertprozentigen Schutz gewährleisten, sie machen Ihr Arbeiten im Internet wesentlich sicherer.

10.5.1 Installieren von Programmen

Die Installation von Programmen (App) hat mit Administratorrechten zu erfolgen. Obwohl Sie normalerweise über diese Rechte verfügen, gibt Windows 10 bei der Installation von Apps eine Warnung heraus.

Möchten Sie zum Beispiel die Software Python installieren, verlangt Windows 10 eine Bestätigung:

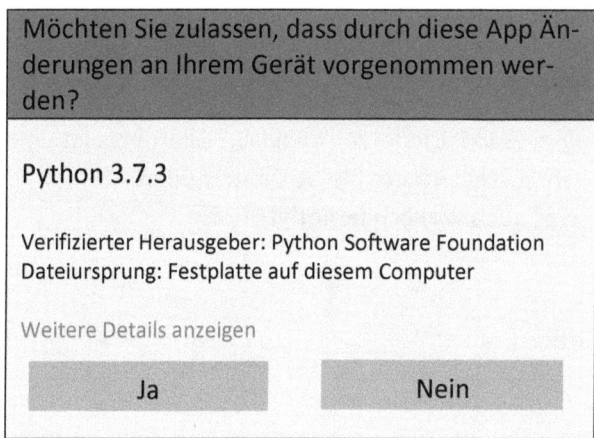

Abbildung 10-3 Hinweis bei der Installation einer Anwendung

Was auf den ersten Moment lästig erscheint, beruht auf einem fundamentalen Sicherheitsgedanken. Wer möchte schon beliebigen Personen Zutritt zu seiner Wohnung geben oder sie mit Gerümpel überstellen?

Somit haben Sie sich bei der Installation die folgenden Fragen zu stellen:

- Bin ich derjenige, der dieses Produkt installieren will?
- Kenne ich dieses Produkt?
- Kenne ich den Hersteller? Habe ich Vertrauen in ihn?
- Brauche ich dieses Produkt?

Bei einer positiven Beantwortung dieser Fragen steht einer Installation natürlich nichts mehr im Wege.

Beachten Sie, dass es Hilfsprogramme gibt, die vordergründig interessante Funktionen anbieten, im Hintergrund aber eine Schadfunktion ausführen (trojanisches Pferd). Verzichten Sie auf Hilfsprogramme unbekannter Herkunft!

Falls Sie eine unbekannte Person per Telefon, SMS oder E-Mail dazu auffordert eine App zu installieren, verweigern Sie das! Auch wenn Sie noch so gedrängt werden und Ihnen vorgegaukelt wird, Ihr PC würde ohne diese Massnahme unbrauchbar werden.

Es ist auch wenig ratsam im Falle eines Virenbefalls eine Hilfssoftware zu installieren, selbst wenn damit ultimative Hilfe versprochen wird. Meistens taugen diese Programme nichts und sind zum Teil selber virenverseucht (trojanisches Pferd).

Ein nachträgliches Deinstallieren einer App ist jederzeit möglich. Allerdings ist eine vollständige Entfernung nicht gewährleistet. Häufig bleibt Datenmüll auf Ihrem PC zurück. Somit nur das installieren, was auch wirklich benötigt wird.

10.5.2 Dateien von Microsoft Office

Microsoft Office Dateien, welche über das Internet zu Ihnen gelangen, können Viren enthalten. Microsoft schützt Sie, indem Sie die Datei nach dem Öffnen aktivieren müssen. Dies betrifft Dateien von Word, Excel, PowerPoint und Anhänge von Outlook. Die folgenden Angaben beziehen sich auf Word. Sinngemäss gelten sie für alle Office Produkte von Microsoft.

Bearbeiten von Dateien aus dem Internet

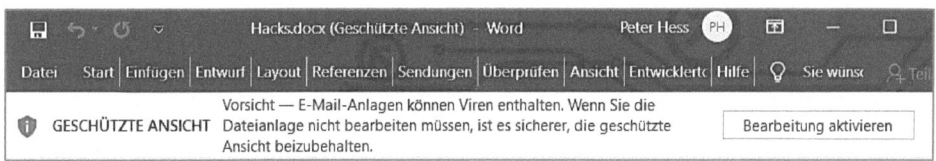

Abbildung 10-4 Hinweis auf Viren

Erst durch «Bearbeitung aktivieren» wird das Dokument bearbeitbar. Konkret bedeute das, dass Sie nie Office-Dateien unbekannter Herkunft aktivieren sollten.

Dateien mit Makros

Besondere Vorsicht ist geboten, falls eine Datei Makros enthält. Makros sind Hilfsprogramme, welche in die Datei eingebunden sind. Sie sollen dem Anwender helfen, bei gewissen Aufgaben eine Unterstützung zu bieten. Sie können aber auch einen Schadcode enthalten, welcher beim Öffnen der Datei aktiviert wird. Um dies zu verhindern, wird der Benutzer beim Öffnen einer Datei mit Makros gewarnt!

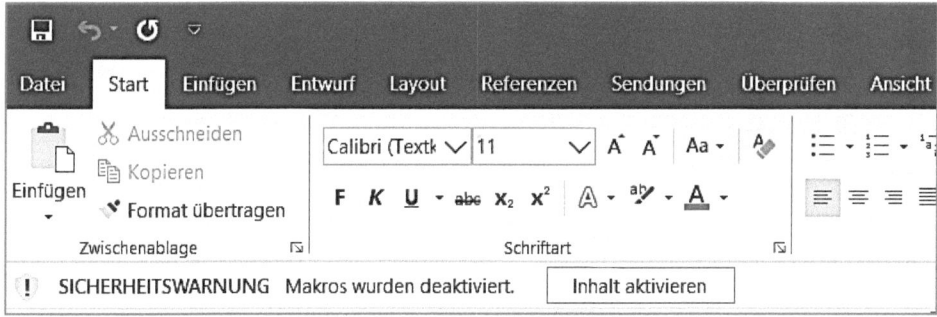

Abbildung 10-5 Hinweis auf Makros

Konfigurationseinstellungen für Warnungen

Die Warnungen sind standardmässig eingeschaltet. Allerdings lassen Sie sich auch umkonfigurieren, ja sogar ausschalten. Kontrollieren Sie dazu die folgenden Einstellungen. Sie finden sie unter

Datei > Optionen > Trust Center > Einstellungen für das Trust-Center

> ActiveX-Einstellungen

Empfohlene Einstellungen für ActiveX-Einstellungen.

ActiveX-Einstellungen für alle Office-Anwendungen

○ Alle Steuerelemente ohne Benachrichtigung deaktivieren

○ Eingabeaufforderung anzeigen, bevor UFI-Steuerelemente (Unsafe for Initialization) mit zusätzlichen Einschränkungen und SFI-Steuerelemente (Safe for Initialization) mit minimalen Einschränkungen aktiviert werden

◉ Eingabeaufforderung anzeigen, bevor alle Steuerelemente mit minimalen Einschränkungen aktiviert werden

○ Alle Steuerelemente ohne Einschränkungen und ohne Eingabeaufforderung aktivieren (nicht empfohlen, weil potenziell gefährliche Steuerelemente ausgeführt werden können)

☑ Abgesicherter Modus (beschränkt den Zugriff des Steuerelements auf Ihren Computer)

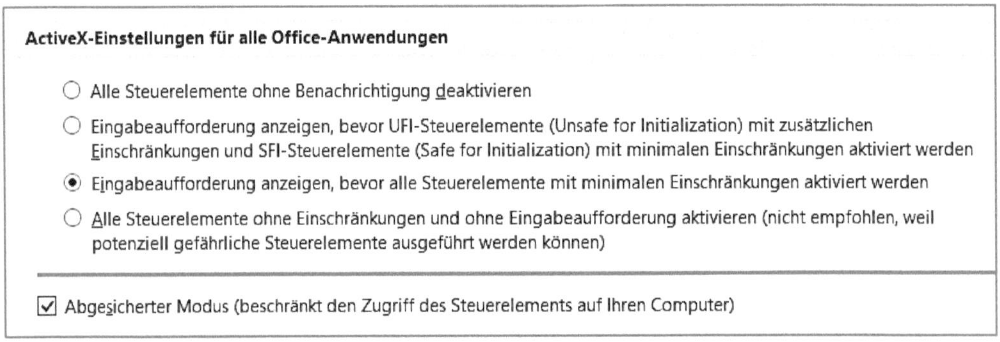

Abbildung 10-6 ActiveX-Einstellungen

Auf keinen Fall sollten Sie «Alle Steuerelemente ohne Einschränkungen und ohne Eingabeaufforderung aktivieren».

> Makroeinstellungen

Empfohlene Einstellungen für Makros.

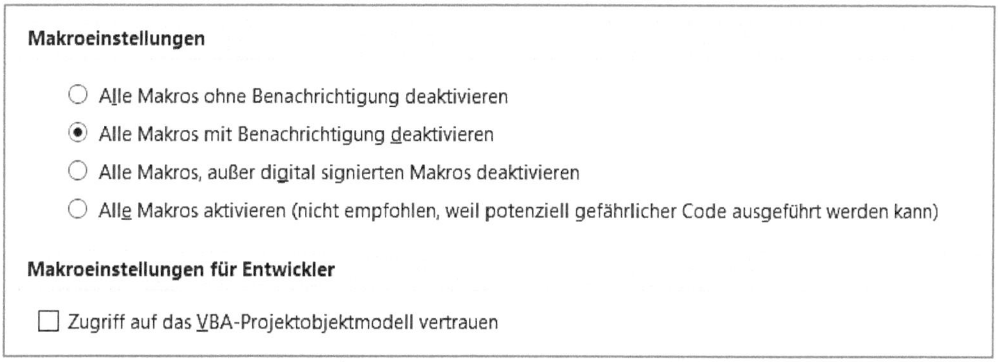

Makroeinstellungen

○ Alle Makros ohne Benachrichtigung deaktivieren

◉ Alle Makros mit Benachrichtigung deaktivieren

○ Alle Makros, außer digital signierten Makros deaktivieren

○ Alle Makros aktivieren (nicht empfohlen, weil potenziell gefährlicher Code ausgeführt werden kann)

Makroeinstellungen für Entwickler

☐ Zugriff auf das VBA-Projektobjektmodell vertrauen

Abbildung 10-7 Makroeinstellungen

Auf keinen Fall dürfen Sie die Option «Alle Makros aktivieren» anwählen!

> Geschützte Ansicht

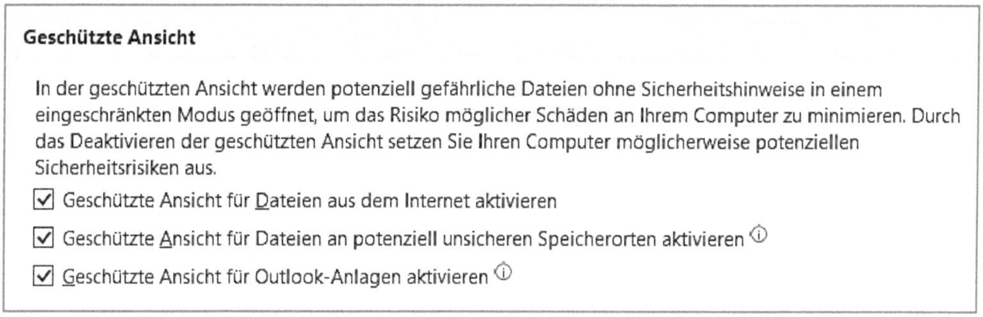

Geschützte Ansicht

In der geschützten Ansicht werden potenziell gefährliche Dateien ohne Sicherheitshinweise in einem eingeschränkten Modus geöffnet, um das Risiko möglicher Schäden an Ihrem Computer zu minimieren. Durch das Deaktivieren der geschützten Ansicht setzen Sie Ihren Computer möglicherweise potenziellen Sicherheitsrisiken aus.

☑ Geschützte Ansicht für Dateien aus dem Internet aktivieren

☑ Geschützte Ansicht für Dateien an potenziell unsicheren Speicherorten aktivieren ⓘ

☑ Geschützte Ansicht für Outlook-Anlagen aktivieren ⓘ

Abbildung 10-8 Einstellung Geschützte Ansicht

Falls Sie häufig Office Dateien von bekannten Quellen herunterladen, gibt es die Möglichkeit, diesen Schutz zu optimieren. Entfernen Sie dazu das erste Häkchen, falls Sie oft Dateien in einem bekannten Cloudspeicher bearbeiten müssen.

> Meldungsleiste

Empfohlene Einstellungen für die Meldungsleiste.

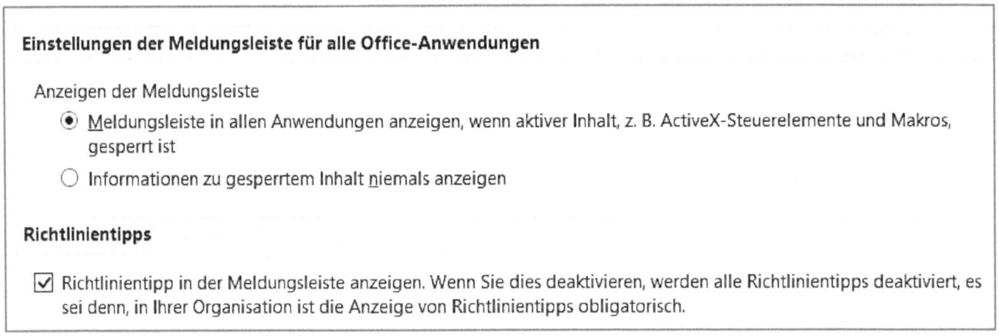

Einstellungen der Meldungsleiste für alle Office-Anwendungen

Anzeigen der Meldungsleiste

- ⦿ Meldungsleiste in allen Anwendungen anzeigen, wenn aktiver Inhalt, z. B. ActiveX-Steuerelemente und Makros, gesperrt ist
- ○ Informationen zu gesperrtem Inhalt niemals anzeigen

Richtlinientipps

- ☑ Richtlinientipp in der Meldungsleiste anzeigen. Wenn Sie dies deaktivieren, werden alle Richtlinientipps deaktiviert, es sei denn, in Ihrer Organisation ist die Anzeige von Richtlinientipps obligatorisch.

Abbildung 10-9 Meldungsleiste Einstellungen

10.5.3 Dateinamenerweiterung

In Windows 10 zeigt die Dateinamenerweiterung an, um welche Art Datei es sich handelt. Damit wird erkannt, wer für die Ausführung bzw. das Öffnen zuständig ist. Z.B. wird eine MeinDokument.docx Datei als MS Word Datei erkannt und somit durch das Programm winword.exe geöffnet.

Programme (Apps) haben die folgenden Endungen:

.exe, .com, .bat, .ps1, .vbs, usw.

Datendateien weisen die folgenden Endungen auf:

.txt, .doc, docx, .xls, .xlsx, .pdf, .jpg, .png, usw.

In Windows 10 lässt sich unter

Windows Taste > Einstellungen > Apps > Standard-Apps (fahren Sie hinunter und öffnen Sie den Link)

Standard-Apps nach Dateityp auswählen

kontrollieren, welche Datendatei durch welches Programm (App) geöffnet wird. Zudem lassen sich hier auch Änderungen der Zuordnung vornehmen.

Die Dateinamenerweiterung lässt sich unter Windows 10 mit dem Datei-Explorer in der Registerkarte «Ansicht» anzeigen und durch Setzen eines Häkchens (siehe Abbildung 10-10) aktivieren.

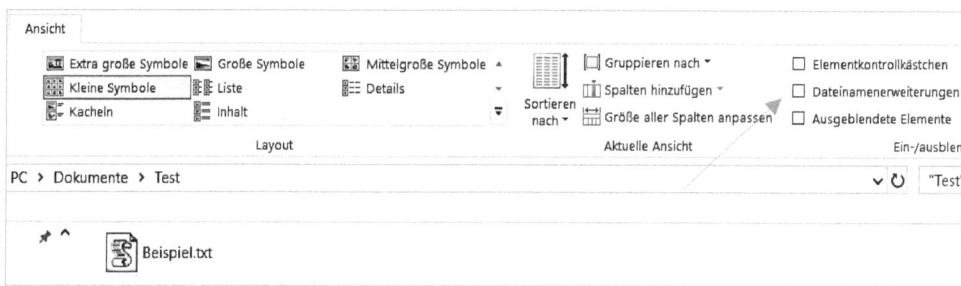

Abbildung 10-10 Ein- Ausschalten der Dateinamenerweiterung

Schalten Sie nun die Dateinamenerweiterung ein, entpuppt sich das angebliche Textfile Beispiel.txt als .vbs Programm. Eine unterdrückte Dateinamenerweiterung ist für Schadprogramme eine Möglichkeit, sich zu verstecken.

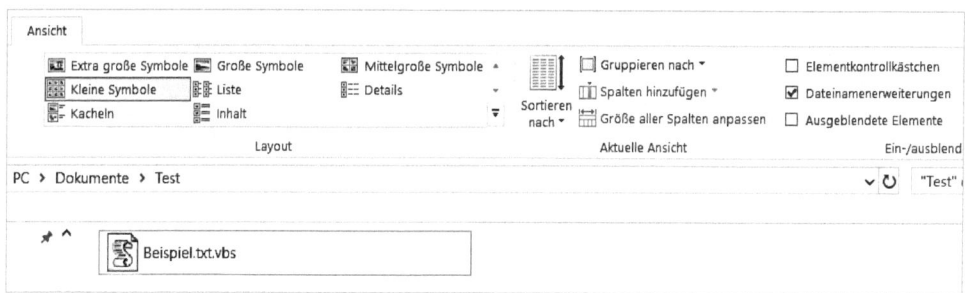

Abbildung 10-11 Eingeschaltete Dateinamenerweiterung

83

Ich empfehle Ihnen, die Dateinamenerweiterung anzuzeigen. Sie erhalten dadurch eine bessere Übersicht über die Arten von Dateien, mit welchen Sie arbeiten.

Leider kann man nicht davon ausgehen, dass .pdf, .jpg usw. in jedem Fall harmlos sind. Sie enthalten zwar kein Schadprogramm, können aber durch einen speziellen Dateninhalt Sicherheitslücken der PDF-Reader bzw. Photoreader nutzen und so ihr Unwesen treiben. Wie bei den E-Mails bereits erwähnt gilt:

Keine Dateien von unbekannter Herkunft öffnen.

10.5.4 USB-Sticks, externe Speicher usw.

Die meisten Viren finden übers Internet ihre Opfer. Da aber nach wie vor USB-Sticks im Umlauf sind, ist auch hier Vorsicht geboten.

- Schliessen Sie keine USB-Sticks unbekannter Herkunft an. Es gibt als USB-Sticks getarnte Tastaturdriver mit einem Prozessor, welcher ihnen in wenigen Sekunden den PC verschlüsselt. Gegen ein Lösegeld erhalten Sie dann einen Freischaltcode!

Falls Sie von einer bekannten Person einen USB-Stick (oder eine Speicherkarte) erhalten, überprüfen Sie als erstes den Inhalt auf Viren. Stecken Sie dazu den USB-Stick ein und suchen Sie ihn im Datei-Explorer 🖿. Wählen Sie ihn mit der Maus an (Achtung: Kein Klick, nur Mauszeiger darauf schieben) und öffnen Sie danach mit der rechten Maustaste das Kontextmenü. Die meisten Antivirenprogramme bieten hier die Möglichkeit, den USB-Stick auf Viren zu scannen. Nutzen Sie diese Möglichkeit und starten Sie den Virenscan.

Vorsicht:

Gewisse Antivirenprogramme bieten auch die Möglichkeit Inhalte zu schreddern (eigener Eintrag im Menü). Passen Sie auf, was Sie anwählen!

10.5.5 Cloudspeicher

Datenaustausch funktioniert natürlich auch über die Cloud. Da beim Herunterladen automatisch ein Virenscan durchgeführt wird, ist dies für Sie eine sichere Sache. Sofern Sie einen Cloudspeicher nicht nur für den Datenaustausch brauchen, sondern hier Ihre Daten längerfristig ablegen möchten, haben Sie folgendes zu beachten:

- Datenschützer weisen immer wieder darauf hin, dass die Anbieter von Clouds den Datenschutz nicht gewährleisten. Sie argumentieren aber aus Sicht des Datenschutzgesetzes, welches vor allem Datensammlungen von Personendaten regelt. Ob ein Cloud Anbieter für Ihre Anforderungen genügend Sicherheit bietet, lässt sich aus den Allgemeinen Geschäftsbedingungen (AGB) des Anbieters entnehmen.

- Auch bei Cloudspeichern besteht die Gefahr, dass Daten verloren gehen.

- Die Verfügbarkeit kann zeitweise unterbrochen sein.

- Ab einer bestimmten Datenmenge (je nach Anbieter) fallen Kosten an.

11 Inaktivsetzen Ihres Computers

Hat Ihr PC sein Lebensende erreicht, dürfen Sie ihn, wie jedes andere Elektrogerät auch, nicht einfach der Abfallentsorgung übergeben. Er enthält wichtige Rohstoffe, welche sich wiederverwerten lassen. Zudem würden durch ein unkontrolliertes Verbrennen Giftstoffe freigesetzt, welche die Umwelt belasten. Im Vergleich zu Toastern, Kühlschränken usw. müssen Sie ihn aber für die Entsorgung vorbereiten, wollen Sie nicht das Risiko eingehen, dass die gespeicherten Daten missbraucht werden.

11.1 Diesen PC zurücksetzen

Das übliche Vorgehen für die Entsorgung ist, dass Sie ihren PC auf den Anfangszustand zurücksetzen.

Windows Taste > Einstellungen > Update und Sicherheit > Wiederherstellung

Wählen Sie unter «Diesen PC zurücksetzen» den Link «**Los geht's**» an. Danach die Option «Alles entfernen» anklicken und Einstellung ändern anwählen. Setzen Sie den Schalter für Daten löschen auf «Ein» und bestätigen Sie es. Fahren Sie weiter. Nach der Vorbereitung lässt sich der Knopf «Zurücksetzen» anwählen.

Übrigens:

Starten Sie den PC nach dem Zurücksetzen. Sie werden sich wundern, wie schnell er wieder arbeitet. Vielleicht haben Sie noch einen Verwendungszweck für ihn.

11.2 Ausbau der Speichermedien

Falls Ihr PC einen Hardwaredefekt aufweist oder Sie dem PC rücksetzen nicht trauen, gäbe es die Variante die Laufwerke auszubauen und mechanisch zu zerstören. Schrauben Sie dazu den PC auf, suchen Sie die Laufwerke, bauen sie aus und zerstören Sie sie mit einem Hammer.

Vorsicht:

Auf keinen Fall darf der Akku so behandelt werden. Es besteht eine akute Brandgefahr. Falls Sie nicht sicher sind, welches die Laufwerke im PC sind, nehmen Sie Abstand von dieser Methode oder fragen Sie einen Fachmann.

12 Index

12 Index

13 Abbildungsverzeichnis

14 Literaturverzeichnis

Bodmer, M. (2019). Ein Videospiel tötet keine Menschen. *NZZ am Sonntag*, 61.

Deskmodder.de. (2019). Von
https://www.deskmodder.de/wiki/index.php?title=Passwort_zur%C3%BC
cksetzen_utilman.exe_weiterhin_nutzen_Windows_10_1809_und_h%C3
%B6her abgerufen

Microsoft. (2019). Von OneDrive: https://products.office.com/de-de/onedrive-for-
business/online-cloud-storage abgerufen

Microsoft. (2019). Von https://docs.microsoft.com/de-
de/windows/security/identity-protection/hello-for-business/hello-why-
pin-is-better-than-password abgerufen

Microsoft. (2019). *Systemwiederherstellungslaufwerk*. Von
https://support.microsoft.com/de-de/help/4026852/windows-create-a-
recovery-drive abgerufen

Microsoft. (2019). *Was ist eine Microsoft Family-Gruppe?* Von
https://support.microsoft.com/de-ch/help/12413/microsoft-account-
what-is-family-group abgerufen

Selby, N., & Vescent, H. (2018). Cyber Survival Guide. In *Cyber Survival Guide* (S.
59). FRANZIS.

SemperVideo. (2019). *youtube*. Von
https://www.youtube.com/watch?v=eIX1mtS2E88 abgerufen

Simplicissimus. (18. 12 2018). *Warum du kein öffentliches WLAN nutzen solltest*.
Von https://www.youtube.com/watch?v=khqhrZiCpNQ abgerufen

SRF. (2019). *Online-Shopping*. Von
https://www.srf.ch/play/radio/ratgeber/audio/online-shopping-was-
muss-ich-beachten abgerufen

Tim Philipp Schäfers. (2018). *Hacking im WEB*. Franzis Verlag.

Wikipedia. (2019). Von
https://de.wikipedia.org/wiki/Geschichte_der_Kryptographie abgerufen

Wikipedia. (2019). *Antivirenprogramme*. Von
https://de.wikipedia.org/wiki/Antivirenprogramm abgerufen

Wikipedia. (2019). *E-Mail Headerinformationen*. Von
https://de.wikipedia.org/wiki/Header_(E-Mail) abgerufen

Wikipedia. (2019). *Personal Firewall*. Von
https://de.wikipedia.org/wiki/Personal_Firewall abgerufen

Wikipedia. (2019). *Wikipedia*. Von
https://de.wikipedia.org/wiki/Unified_Extensible_Firmware_Interface
abgerufen

www.melani.ch. (2019). Von www.melani.ch. abgerufen

Zisler, H. (2012). *Computer-Netzwerke.* Galileo Computing.

Zeitfracht Medien GmbH
Ferdinand-Jühlke-Straße 7
99095 Erfurt, Deutschland
produktsicherheit@kolibri360.de